悩まず、早く、“伝わる”メールを書く基本

一生使える ビジネスメールの

海津佳寿美
Kaizu Kasumi

技術評論社

● 特典PDFのダウンロード

本書では、「送信前チェックリスト」「説明の型×3つ」を掲載したPDF（A4サイズ）をご用意しています。印刷してそのまま利用する、もしくは必要な部分だけ切り取るなどして、お手元に置いてメール作成時・送信前の確認用にご利用ください。

PDFは、以下のサポートページからダウンロードできます。ダウンロード時にはパスワードを求められますので、P.29、5行目に記載されている【英字4文字】を入力してください。

本書サポートページ
https://gihyo.jp/book/2023/978-4-297-13405-1/support/

はじめに

「あぁ、あの長いメールね。ごめん、まだ読んでないよ。」

以前、私が国立大学に勤務していたとき、メールの返事をくれない人に電話口で言われた一言です。返事どころか、読んですらもらえていないことに愕然としたのを覚えています。

この失敗で奮起した私は、様々なスキルを学んで実践し、今では、企業研修や個人向け講座でビジネススキルを教える講師をしています。その中のビジネスメールの講座で、受講者からよく聞こえてくるのは次のような悩みです。

- ちゃんと教わったことがなく、自己流なので自信がない
- 相手にわかりにくいと言われた、誤解されて怒らせた
- 悩みながら書くので時間がかかる

実は、「メールの構成」や「わかりやすい説明」には「型」があります。

まず、メールを開いてもらって、読んでもらう。そして、本文はわかりやすく、誤解なく伝わり、嫌な気持ちやトラブルにもならない。そんな理想的なメールを、悩まず、早く書けるようになるために、本書では「型」に焦点を当てつつ、相手を嫌な気持ちにさせない表現の仕方や見た目の整え方なども丁寧に解説しました。

本書が、あなたの仕事の効率化、ビジネスコミュニケーションの円滑化に役立つことを願っています。

CONTENTS

第1章 今さら聞けない メールの考え「型」

第2章 パターンで考える目的とゴールの決め「型」

第3章 悩まず、早く書くためのメールの「型」

第4章 わかりやすく伝える説明の「型」

第5章 相手を嫌な気持ちにさせない表現のし「型」

第6章 読む気になってもらう見た目の整え「型」

第7章 送信する前の自信の持ち「型」

注意書き

・本書に記載された内容は、情報の提供のみを目的としています。したがって、本書を用いた運用は、必ずお客様自身の責任と判断によって行ってください。これらの情報の運用の結果について、著者および技術評論社はいかなる責任も負いません。
・本書記載の情報は、2023年2月現在のものです。製品やサービスは改良、バージョンアップされる場合があり、本書での説明とは機能内容や画面図などが異なってしまうこともあり得ます。あらかじめご了承ください。

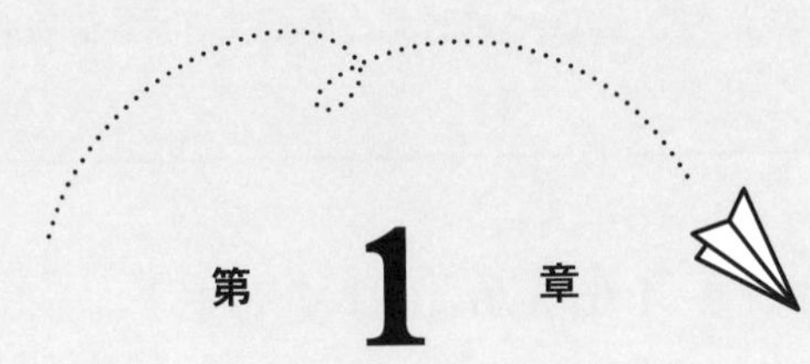

第1章

今さら聞けない
メールの考え「型」

「誰」に書くのか意識する

メールを書く際には、まず、「誰に書くのか」を意識するのが第一歩です。相手が誰かによって、使うべき言葉も、伝えるべき情報も、話の構成の仕方も違ってくるからです。

相手によって「伝え方」は変わる

同じ話をしても、相手によって受け取り方が違ったり、そもそも話が通じなかったりします。相手によって、理解できる言葉も、知りたい情報も違うのです。

電話や手紙、日常会話だってそうですよね。相手によって話し方や対応の仕方を変えるように、**メールも「相手は誰なのか」ということを考えるところから始まります**。

- どこの会社に勤めている人なのか。同じ業界か、違う業界か
- 新規の取引先か、古くからのお客様か。職場の上司か、同僚か

そして、自分が今書こうとしている内容について、**相手の視点に立って考えてみる**のです。

- この話は、あの人にはどう感じられるだろう。理解できるだろうか。こちらの意図どおりに受け取ってくれるだろうか

例えば、相手が同じ業界の人であれば、その業界の専門用語や旬の話題は通じるでしょう。でも違う業界の人であれば、通じない可能性が高いです。その場合は、多くの人が理解できるであろう言葉を使って説明する必要があります。

相手の「顔」を思い浮かべる

職場の上司に何かを判断してもらうためのメールを書くのであれば、普段その上司が判断する際に重視する情報（コスト、安全性、前例など）は必ず書いた方がいいでしょう。

例えば、いつも「前例」を重視する上司の場合。

来賓用のお弁当は、
A亭の懐石弁当（画像を添付）でよろしいでしょうか。
金額は前回と同額で、一昨年の○○式典のときにお出しして
非常に好評だったお弁当です。

金額は前回と同額、好評だったという前例もある、と伝えれば、前例を重視する上司が「このお弁当でOK」と判断する可能性は高いでしょう。

また、数日前に、打合せのためにあなたの会社まで足を運んでくれた人がいるとします。その人に送るメールであれば、冒頭で、次のようなお礼を述べてから本題に入りましょう。

先日はお忙しいところ弊社までご足労いただきまして、
誠にありがとうございました。

そうすると、相手は少し良い気持ちになり、その先を関心をもって読んでくれるのではないでしょうか。

これらは特に難しいことではありません。普通にコミュニケーションを取るときと同じように、**まずは相手の「顔」を頭の中に思い浮かべて、その相手が理解できる言葉、知りたい情報、受け入れやすい話の構成・文章表現などを考えていけばいい**のです。

基本は1通1用件

基本的には、1つのメールに書く用件は1つにしましょう。複数の用件が書かれたメールは、読む人にとってわかりにくいですし、他にも多くのデメリットがあります。

複数用件メールのデメリット

1つのメールにまったく別の用件が複数書かれていると、**受け取る人は混乱しやすい**です。

例えば、後の方に書かれた用件を読み落としてしまう可能性もありますし、「あの用件のメールは、どれだったっけ？」と、相手がメールを管理しづらくなる事態も招きがちです。

また、それぞれの用件に回答が必要であれば、返信しにくいと感じることもあるでしょう。特に、用件ごとに回答のタイミングが違う場合など、返信の仕方に困ってしまいます。

複数の用件を1つのメールに書くことには、「(自分の) メールを送る手間が1回で済む」というメリットはあります。しかし相手にとっては、これだけデメリットも多いのです。

そのデメリットを避けるため、特に**大事な用件ほど1通1用件とした方がいい**でしょう。

1通1用件とすれば、受け取る人にとってはわかりやすく、送信側にとっても1つの用件に集中して書けるというメリットがあります。

関連性のある用件は1通にまとめる

ただし、1通1用件とすることでメールの件数が多くなり過ぎてしまうこともありますよね。

そのような場合は、**同じ業務カテゴリや同じプロジェクトなど、できるだけ関連性のある用件を1通にまとめましょう。**

- 「請求書の送付」という同じ業務カテゴリで、「商品A」と「商品B」の請求書を一緒に送る
- 「イベントC」という同じプロジェクトに関して、「日程候補」と「企画案」について1つのメールに書く

これらのケースでも、件名や本文の書き方をわかりやすく工夫することをおすすめします（→第3章、第4章）。

立て続けのメールには一言添える

メールを用件ごとに分けることで、立て続けに別のメールを送る必要が生じることもあります。

そのような場合は、1通目のメールの最後に、次のように**別用件のメールを送る旨を書き添えます。**

なお、この後、Aプロジェクト会議の日程調整について
メールをお送りいたします。
そちらもご確認の程よろしくお願い申し上げます。

そして、次のメールの冒頭のあいさつで一言を添えましょう。

立て続けに失礼いたします。

「続けざまで申し訳ございません。」でもいいですね。「続けざま」という大和言葉の効果で、少し柔らかい印象になります。

メールは一往復半が理想

用事があって自分からメールを送る場合は、一往復半のやりとりで終わるメールを書くことを意識しましょう。また、返信する側でも、やりとりを少なくするための工夫ができます。

なぜ一往復半？

①自分から相手へ、質問・確認・依頼などをする　→
②相手から自分へ、回答が来る　→
③自分から相手へ、お礼・確認をする（終了）

上記②の回答が来ることで、あなたの用事は済むかもしれません。しかし、回答を送った相手は、「自分の返信はちゃんと届いてるかな」、「あの回答でよかっただろうか」などと不安に思っている可能性もあります。

そこで、**回答してくれたことへのお礼と確認の意味を込めて、こちらから最後のメールを送る**のです。

このように、最初にメールを送った側がやりとりを終わらせるのが、ビジネスマナーとしてある程度一般的になっています。

また、忙しいビジネスパーソンにとっては、「効率的」（やりとりが必要最小限）というのも重要なポイントですよね。

一往復半が、**「効率的」かつ「双方ともに気持ちよくやりとりできる」理想的な回数**というわけです。

一往復半で済ませるための工夫

例えば、次のようなやりとりはどう感じるでしょうか。

①**自分**：来月のイベントの打合せを来週あたりでお願いしたいのですがいかがでしょうか。
②**相手**：承知しました。来週のいつがよろしいでしょうか。
③**自分**：10月18日（火）の午後ではいかがでしょうか。
④**相手**：大変申し訳ございません。その日の午後は都合が悪いので、他の日にしていただけますでしょうか。
⑤**自分**：それでは、10月19日（水）の午後ではいかがでしょうか。
⑥**相手**：はい、その日の14:00からなら大丈夫です。時間はどれくらいかかりますか。それから場所はどこでしょうか。

これでは、三往復やりとりしてもまだ打合せの日時・場所が決まりません。相手もきっとイライラを感じてしまうでしょう。

これは極端な例ですが、「効率的」からは程遠い問答ですよね。次のように変えます。

①**自分**：来月のイベントの打合せをオンラインでお願いしたく思っております。
次の日程のうち、ご都合の良い日時をお知らせいただけますでしょうか。
・10月18日（火）14:00～16:00
・10月19日（水）14:00～17:00
所要時間は30分程度です。
Zoomのミーティングは日程決定時にご案内いたします。

②**相手**：オンラインの打合せについて承知しました。
日時は、10月19日（水）14:00～14:30でお願いいたします。
③**自分**：ご返信ありがとうございます。
それでは、以下のとおりどうぞよろしくお願いいたします。
・日時：10月19日（水）14:00～14:30
・ZoomURL：https://xxxxxxx.zoom.us/j/12345678901

これで、一往復半でやりとりを終わらせることができます。

なお、最初に候補日を示す際、**相手の都合が悪い場合に備えて、メールの最後に次のような添え書きをしておく**ことも有効です。

上記日程でご都合が悪い場合は、翌週（10/24～）でご都合の良い日時を複数お知らせいただければと存じます。

返信する側でも工夫はできる

相手が最初に発信する場合でも、効率的な返信を心掛けましょう。

最初の非効率な事例のメール①を相手からもらった場合で考えてみます。返信で、自分の都合や希望を次のように先回りして伝えることで効率化が可能です。

打合せについて承知しました。
来週で都合の良い日程は次のとおりです。
・10月18日（火）10:00～12:00
・10月19日（水）13:00～15:00

所要時間は30分程度でよろしいでしょうか。
可能であればzoomでのオンラインでお願いできると有難いです。
よろしければ、日時とzoomのURLをご連絡いただければと存じます。

COLUMN

一往復半はあくまで理想

もちろん、内容によっては何往復も丁寧なやりとりが必要なケースも多くあります。一往復半はあくまで理想として、できる範囲で、相手の負担や双方の無駄な時間を減らし、仕事もスムーズに進められるような書き方を意識しましょう。

また、最初に依頼のメールを送ってきた相手がとても目上の人の場合、一往復半で用事が済んでいたとしても「目上の人からのメールで終わるのはなんだか失礼な気がする、落ち着かない」と感じる人も多いです。そんなときは、ごく簡単に、

このたびは、貴重な機会をいただき誠にありがとうございます。
今後とも、どうぞよろしくお願いいたします。

などの自分からのごあいさつメールで、そのやりとりを終わらせれば安心でしょう。

返信は遅くとも翌日までに

あなたはメールを送るとき、いつ返事が来ることを期待しますか？ おそらく、翌日には返信があるだろうと期待するのではないでしょうか。日本の多くのビジネスパーソンも同様です。遅くとも、受信した翌日（翌営業日）までに、できれば24時間以内になんらかの返信をしましょう。

返信タイミングの3パターン

メールは、次から次にやってくるものです。返信していないメールが溜まっていくのは、それだけ仕事も溜まっていくということ。相手が早い返信を期待しているということもありますが、**自分の仕事を溜めないためにも、ひとつひとつのメールに対してなるべく早く返信して処理を終わらせていく**ことを心がけます。

返信のタイミングとしては、次の3つのパターンに分けて考えるといいでしょう。

「①YesかNoかなど、回答が簡単な場合」

原則、即返信です。悩まず簡単に返事できることは、後回しにせずすぐに対応を終わらせます。

「②回答に調査や検討が必要な場合」

回答を整理して、翌日までに返信しましょう。翌日までに回答がまとまらなそうなら、受信した旨と回答できる目安の期日を伝えるメールをすぐに送信。そのうえで、伝えた期日までに正式な回答メールを送ります。

③相手が回答の期限を書いている場合

回答期限に関わらず、すぐに回答できるなら即返信。時間がかかる場合は、受信した旨と期限内に回答する旨の返信をすぐにして、遅くとも期限までには正式な回答メールを送ります。

すぐに回答できないときの返信

②③の後者の場合のように、すぐに回答できない場合でも、受信した旨といつまでに回答するという次のようなメールをなるべく早く送ることをおすすめします。

○○のお見積書を送付いただきありがとうございます。
社内で検討いたしますので、
少々お時間をいただけますでしょうか。
11月25日（金）までには改めてご連絡いたします。

このような返信があると、**相手がちゃんと受信していること、回答をいつまでにもらえるかということが送信者側に伝わります**。これがない場合、送信者は正式な回答が来るまで本当に回答が来るかどうか不安に思うかもしれません。

このように、回答に時間がかかる場合でもなるべく早く返信することは、送信者を安心させるための配慮であり、その後の仕事を円滑に進めるポイントでもあります。

また、当然ですが、自分で記した期日は必ず守らなければなりません。そのためには、**確実に回答できる期日を書きましょう**。そして、回答を忘れないようスケジュールに記入するなどしたうえで、回答するための対応に取りかかります。

メール以外の連絡手段も考慮に入れる

メールは、ビジネスには欠かせない非常に便利で重要なツールですが、決して万能ではありません。状況によっては、メールよりも電話や他のツールを使った方がいい場面もあります。伝えたい内容の緊急度や重要度、相手の状況なども考えて、使うツールを選べるようになりましょう。

緊急時や込み入った話は「電話」で

例えば、30分後の社内会議が急遽中止になったことを出席予定者に連絡しなければならない場合はどうでしょう。中止連絡のメールを送っても、時間前に全員が見てくれるかどうかはわかりません。

このような場合は、**電話連絡の方が早く確実に伝わります**。出席予定人数が多ければ、誰かが連絡メールを打つ間に、空いている人で手分けして電話連絡をするというやり方がいいかもしれません。

また、込み入った状況や微妙なニュアンスをメールで伝えるために、文章表現や書き方に苦慮して長時間を要した経験はありませんか？ それを電話で説明すれば数分程度で済むのであれば、電話の方が断然効率がいいでしょう。

正式な案内状や契約書は「文書」で

創立二十周年記念式典などの会社として大事な行事への案内状や、ビジネスの手続きとしての契約書など、**正式な対応には紙媒体の文書が適しています**。会社を支援していただいた方へのお礼状なども同様です。

今は、電子契約や案内状を添付ファイルで送付することも増えているので、必ず、ということではありません。しかし、まだまだ大事な場面では紙文書と考えている組織や個人が多いので、重要度によって使い分けることをおすすめします。相手側も紙文書で受け取ることでその重要性を実感することがあります。

また、手紙やハガキで営業後のお礼を送ることでお客様との信頼構築や他との差別化を図る営業担当者もいます。デジタル化社会だからこそ、**アナログな手紙やハガキでのコミュニケーションが、人間的な温かさを伝える効果がある**とも言えるでしょう。

相手に合わせる、という視点

相手の考え方や得意・不得意に合わせることも大切です。「電話は時間を取られるから迷惑」「記録を残すために全部メールで送ってほしい」「メールは苦手だからFAXを使ってほしい」といった人もいるからです。

そのような相手の状況を事前に把握している場合には、可能な範囲で相手に合わせた対応をとることも必要でしょう。

ツール別のメリット・デメリット・適した場面

ツールは、次のようなそれぞれの特徴を理解したうえで使い分けましょう。

また、用件によってはメールで要点を送信したうえで詳細は電話で説明するなど、複数のツールを組み合わせて使えばデメリットを補い合うこともできます。

	メリット	デメリット	適した場面
メール	・相手を拘束しない ・記録として残る ・一斉送信できる ・すぐに届く ・返信しやすい	・いつ読むか分からない ・返信が来るまで相手の反応がわからない ・読まれない可能性 ・微妙なニュアンスが伝わりにくい ・誤送信のリスク	**様々な報連相** ・会議通知、諸連絡 ・業務上のやりとり ・アポ取り、簡易な案内　等
電話	・すぐに伝わる ・微妙なニュアンスが伝わる ・相手の反応がすぐにわかる	・相手を拘束する ・録音しなければ記録が残らない ・相手が電話に出られない場合がある	**緊急時、複雑な案件** ・お願いごと ・交渉 ・詳細説明　等
紙文書	・信頼度が高い ・重要性が伝わる ・記録（紙）として残る	・文書作成、押印など作成に手間がかかる ・郵送など届くまでに時間とコストがかかる ・返事に手間がかかる	**正式な文書** ・案内状 ・お礼状 ・契約書　等
FAX	・相手を拘束しない ・記録（紙）として残る ・すぐに届く	・誤送信のリスク ・届いたことに相手が気づかない可能性 ・紛れる可能性	**簡易な連絡** ・申込書 ・注文 ・イベント案内　等

COLUMN

顔を見て話すのが一番伝わる

各ツールを比較してみましたが、結局は、顔を見て話す「対面」が一番強いかもしれません。

複雑な話も資料を示しながら説明できますし、相手の表情など言葉以外の微妙な反応まで感じ取ることができます。例えば社内でも、ちょっと複雑な話の場合、電話じゃなく相手の部署まで行って直接話すことも多いのではないでしょうか。

とはいえ、社外の場合など、多忙とか遠方とか様々な理由で対面の機会を持つのは難しいことも多いですよね。そのため、重要な打合せや大きな商談、謝罪の場合など、対面でのコミュニケーションは限られた場面でのみ行われることが多いでしょう。

ただ、今は、多くの人がコロナ禍を通じてzoomなどのオンラインミーティングという新たな手段を得ました。これは「対面」に準じるものです。メールや電話ではなく顔を見ながらコミュニケーションを取りたい、でも対面は難しいといった場面では、オンラインという選択肢を考えてみるのもいいでしょう。

返事が来ない？
読まれない可能性も想定する

メールは、送信したら相手は必ず読んでくれる、期待どおりに返事をくれるもの、ではありません。いくつかの原因により、読まれない可能性があるのです。そのことを理解したうえで、読んでもらえるような対策をとる必要があります。

相手に届いていない可能性を考える

メールしたのになかなか返事が来ない場合、可能性としては低くても、届いていない可能性も疑ってみましょう。

そもそも送信できていない（下書きフォルダーに入ったまま）とか、アドレスを間違えている可能性もあります。相手組織のメールサーバー（メールを処理するコンピューター）で、はじかれるということもあります。

また、届いていたとしても、迷惑メールフォルダーに振り分けられてしまったり、相手が件名を見て迷惑メールやメルマガと誤解して削除したりする可能性も捨てきれません。

そこでまずは**送信済みフォルダーを確認し、送信できているか、アドレスに間違いがないか確認**します。送信時に、**迷惑メールと見なされないような件名**や、**添付ファイルの種類・容量を意識する**ことも必要です。

おかしいなと思ったら相手に確認

自分の送信フォルダーを確認すると確かに送信している、アドレスも件名も添付ファイルも問題はなさそう、それなのに期待するタイミングまでに返事がないという場合。

緊急のメールや重要なメールであれば、**電話をかけて送信した**

ことを伝え、届いているかどうか確認した方がいいでしょう。

そこまで急ぎではない場合は、**メールで確認**をとります。

例えば次のような文面を付けて、以前送ったメールを再送するといいでしょう。

先週、○○について以下のメールをお送りしましたが、
届いておりますでしょうか。
ご返信がまだこちらに届いていない状況でしたので、
念のため再送いたします。

行き違いでしたら誠に申し訳ございません。
お忙しいところ誠に恐縮ですが、
ご確認の程よろしくお願いいたします。

こちらのメールが相手に届いていない可能性や、相手が返信したのにこちらに届いていない可能性を示すなど、相手を責める表現にならないように気を付けましょう。

COLUMN

相手のメール確認頻度が少ない可能性

人によってメールの確認頻度は違います。受信通知があるたびに確認する人、時間を決めて1日3回確認する人、朝だけ確認する人など様々です。

メールを送ったタイミングによっては、相手が読むまでに相当時間がかかるケースもあり得るということです。

メールを送る際は、すぐには読まれないことも想定して、対応の期限までに余裕があるタイミングで送るようにしましょう。

添付ファイルは2MB以内が無難

添付ファイルを付けるとき、ファイルサイズ（容量）について意識していますか？ 受信できる容量は、相手側のメールサーバーの設定によって異なるので注意が必要です。相手の受信環境がわからない場合、添付ファイルはほとんどの人が受け取れる2MB以内にするのが無難です。

大容量ファイルは事前確認が理想

2MBを超えるファイルを添付したいとき、何MBまでなら問題がないか事前に相手に確認すると丁寧です。

会社によっては、メール1通あたりの容量を例えば10MBまでと制限していたり、ユーザーごとに割り当てているメールボックスの容量を200MBまでなどと設定していたりします。**前者であれば、10MBを超えるメールは相手に届きませんし、後者であれば、10MBの添付ファイル付きのメールを20通受け取るとメールボックスがいっぱいになり、それ以上のメールを受信できなくなります。**

個人でも、使っているPCやソフトが古い、もしくはスマートフォンやタブレットでメールを見るので大きいサイズの添付ファイルは開けないといった環境の人もいます。

そういった状況は相手によって様々なので、許容される容量をあらかじめ確認しておくのが望ましいと言えます。

とはいえ、それは面倒とか、確認しても相手にもわからないということもあり得ますので、**迷ったら、後述するファイル転送サービスなどを利用**してもいいでしょう。

大きいファイルは圧縮する

大容量の添付ファイルは相手に迷惑をかけてしまう可能性もあるため、できるだけファイルの容量を小さくすることを考えましょう。

一般的な方法は、ファイルの圧縮です。Windowsでは、ファイルを右クリックし、「送る」→「圧縮（zip形式）フォルダー」を選べば圧縮できます。送りたいファイルの数が多い場合も、それらをまとめて選択すれば1つの圧縮フォルダーにすることができます。

Officeファイルは画像を圧縮

PowerPointやWordなどに貼り付けた画像が多く、気づけば大容量のファイルになっていたということもあります。その場合は、**貼り付けた画像自体を圧縮する**といいでしょう。

PowerPointやWordの場合は、画像を選択し、「図の形式」タブにある「図の圧縮」をクリックして低い解像度を選んで圧縮します。その際に「この画像だけに適用する」のチェックを外せば、ファイル内にあるすべての画像を圧縮できます。

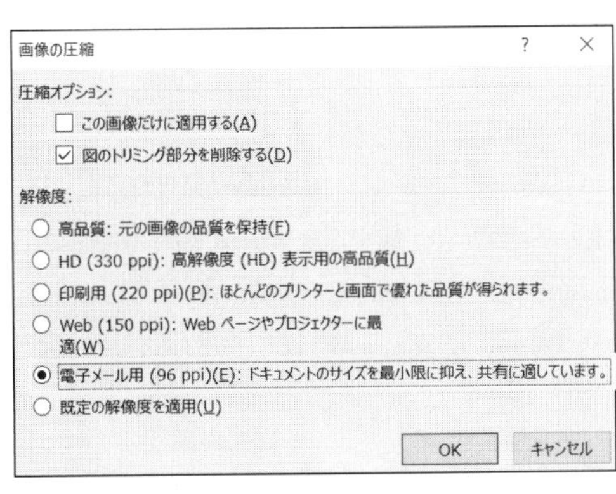

「画像の圧縮」画面

迷ったら外部サービスを利用

容量が大きすぎるファイルは、圧縮してもあまり小さくならないこともあります。そのような場合は、**外部のファイル転送サービス**や、複数人でファイルを共有できる**クラウドストレージ**などを利用するという選択肢があります。

ファイル転送サービスとは、サイトにファイルをアップロードしてそのURLやパスワードを相手に伝え、相手がそのリンク先からファイルをダウンロードできるサービスです。GigaFile（ギガファイル）便やデータ便などが有名です。

クラウドストレージとは、インターネット上で複数人で利用できるファイルの保管場所（共有フォルダー）のことです。Googleドライブや OneDrive、Dropbox など様々なサービスがあります。

こういったサービスは個人利用もできますが、法人利用も非常に増えているので、お勤めの会社で導入しているサービスがあればそれを利用するのがいいでしょう。

ファイル転送サービス

- GigaFile便　https://gigafile.nu/
- データ便　https://datadeliver.net/

クラウドストレージ

- Googleドライブ　https://www.google.com/intl/ja/drive/
- OneDrive　https://www.microsoft.com/ja-jp/microsoft-365/onedrive/online-cloud-storage/
- Dropbox　https://www.dropbox.com/

パスワード付きzipファイルは送るべきじゃない？

重要な情報を添付ファイルで送ろうとする場合、zip形式で圧縮する際に、暗号化してパスワードを付けることがあります。これを添付してメール送信した後、別のメールでパスワードを知らせるやり方が多くの企業で行われてきました。

このやり方は「PPAP」と呼ばれることがあります。これは、2016年に流行したピコ太郎氏のPPAP（ペンパイナッポーアッポーペン）をもじって、以下の頭文字を取って命名されたものです。

Password付きzipファイルを送ります
Passwordを送ります
Aん号化（暗号化）
Protocol（プロトコル＝手順）

続けると、「パスワード付きzipファイルを送りパスワードを送る暗号化の手順」という意味になります。

しかし最近は、この方法はセキュリティ上の問題があるためやめるべきだと言われています。2020年11月にデジタル改革担当相がこの送信方法を内閣府などで廃止することを発表して以降、他の省庁や多くの企業でもPPAPを廃止する動きが広がっています。

PPAP廃止の流れを受け、多くの企業でクラウドストレージなどの導入が進んでいます。他の代替手段としては、ファイル転送サービスの利用やビジネスチャットでの送信、zoomミーティング中のチャットでの送信なども選択肢になるでしょう。

文字化けに注意する

受け取ったメールの文字が意味不明の記号などに置き換わっていたことはありませんか？ これは「文字化け」と呼ばれる症状です。OSやメールソフトなどの進化により、以前に比べると起こりにくくなっていますが、状況によっては起こり得るので注意が必要です。

「機種依存文字」は避けた方が安全

機種依存文字とは、パソコンの機種やOSなど、**特定の環境上でしか正しく表示されない＝環境に依存してしまう文字**のことです。環境依存文字とも言います。

例えば、Windowsパソコンで「①②③」と入力してメールを送信すると、受信側がMacだった場合に「㈰㈪㈫」と文字化けしてしまうことがあります。

代表的な機種依存文字

- 丸囲み数字・文字　①②㊟㊤㊦など
- ローマ数字　Ⅰ Ⅱ Ⅲ Ⅳ Ⅴなど
- 単位　㎝ ㎏ ㎖ ㎡ ㍑など
- 省略文字　№ ℡ ㈱ ㈹ ㍻など
- 半角カタカナ　ｱｲｳｴｵなど

機種依存文字による文字化けもあまり起こらなくなっていますが、相手のパソコンやメールソフトなどの受信環境は千差万別で、未だに起こる可能性があるので使わない方が安全です。

数字は「(1)(2)(3)」を使う、「cm」や「kg」などの単位は半角アルファベットで表記するなど、機種依存文字を使わない方法を選びましょう。

氏名に使われる機種依存文字

氏名に使われる機種依存文字もあります。「髙」や「﨑」などの旧字体です。例えば、「髙橋さん」とのやりとりの際に、先方からのメール内で正しく「髙橋」と表示されていればその人とのやりとりでは「髙」を使っても問題ないでしょう。しかし、**受信環境によっては「□橋」や「〓橋」と表示される可能性があります。**

環境はわからないけど丁寧に対応したい相手の場合は、「お名前の漢字が機種依存文字のため『髙』の字を使わせていただきました」などと断りを入れたうえで「高」の字を使ってもいいかもしれません。

全文が文字化けしたメールが送られてきたら?

機種依存文字による部分的な文字化けではなく、全文が文字化けしたメールが送られてきた場合はどうしたらいいでしょうか?その場合は、**メールソフトで「エンコード」という設定を変えてみると読めるようになることがあります。**

> Outlookの場合：メールをダブルクリックで開き、「メッセージ」タブの「移動」グループにある「アクション」→「その他アクション」→「エンコード」から選択

「エンコード」の設定に進んだら、「日本語（自動選択）」やその他の日本語のコード、「Unicode(UTF-8)」を順に試してみるといいでしょう。

送信者名で「どこ」の「誰」か伝える

メールの受信ボックスでは、メールの「送信者名（差出人）」と「件名」が一覧で表示されます。ここに表示される送信者名は「どこ」の「誰」かわかるように、つまり、会社名などの「組織名」と「氏名」をセットで設定しておくことをおすすめします。

メールを「開封」してもらうために

送信者名が個人名やメールアドレスそのままのメールを受け取って、どこの誰かわからず、とまどった経験はありませんか？

例えば、受信ボックスに表示された送信者名（初めての相手）が以下の場合、あなたならどのメールから開封するでしょうか。

- Kyoko Sato
- yokotanaka@abcde-business.co.jp
- 鈴木一郎
- ichiro51
- ドレミ商事
- 山田花子（ABC商事）

件名にもよりますが、最初に開こうと思えるのは「山田花子（ABC商事）」が差出人となっているメールではないでしょうか。それは、**「ABC商事」の「山田花子さん」からのメールだとわかり、少し安心できるから**、ですよね。

それ以外のどこの誰かわからないような差出人だと、読むのを後回しにしたり、場合によっては一斉送信の営業メールや迷惑メールと思って削除したりするかもしれません。

メールは読んでもらえなければ意味がありません。相手に安心して開封してもらうためにも、組織に所属しているなら**「組織名＋氏名」で設定しましょう**。表記の仕方は、以下でもOKです。

- （ABC商事）山田花子
- ABC商事　山田花子
- 山田花子【ABC商事】

自分の設定をメールソフトで確認

送信者名について、自分の設定がどうなっているか把握していない方は確認をしましょう。試しに**メールを自分宛に送ってみると、受信一覧でどう表示されるかが一目瞭然**です（ただし、Gmailでは自分宛に送ると「自分」と表示されるので不可）。

設定方法はメールソフトによって異なりますが、多くの場合「アカウント」や「名前」に関する設定画面から変更できます。

- Outlookの場合：「ファイル」タブ→「アカウント設定」→「アカウント設定」→「変更」の順にクリックし、「自分の名前」欄を変更

設定が変えられない場合

会社のシステムで「個人名のみ」となっているとか、海外とのやりとりがあるので英語表記でなければならないなどの理由で設定が変えられないケースもあります。

そのような場合は、「件名」に不足分の情報（会社名など）をカッコ書きで追記するといいでしょう。特に、初めてメールする相手の場合は、そのように書き添えてあげると親切です。

「To」は本命の送りたい相手

宛先（メールアドレスを入力する欄）には、To、Cc、Bccの欄があります。どの欄に入れても相手には届きますが、それぞれの欄には意味がありますので、目的や状況に応じてしっかり使い分けることが大切です。

「あなた宛て」というメッセージ

Toの欄は、メールソフトによっては「宛先」と表示されていることもあります。ここには、直接の送信対象、**メールを送りたい本命の相手のアドレスを入力します。**

Toの欄に入力するということは、**「このメールはあなた宛てのメールですよ」というメッセージ**にもなります。

この欄には1人を入れることが多いですが、本命の宛先として複数の人に送る場合もあります。その場合は、Toの欄にアドレスを並べて入力します。アドレス帳などから選ぶのではなくメールアドレスを直接入力する場合は、1人目のアドレスを入力した後に半角のセミコロン「；」を入力し、続けて2人目のメールアドレスを入力します。これは、Cc欄、Bcc欄でも同様です。

誤入力に注意！

メールアドレスの誤入力は、単に「相手に届かない」というだけではなく、本来の相手以外に届いてしまう「誤送信」による「情報漏洩」という大きなリスクがあります。メール内容が個人情報や機密情報であれば、さらに大きな問題に発展してしまいます。

同姓などのよく似た名前の人に送ってしまう誤送信事例もよくありますので、送信ボタンを押す前の再チェックの習慣を付けましょう。

「Cc」は情報共有したい相手

Ccの欄は、簡単に複数人と情報共有ができるとても便利な機能です。便利な反面、使い方に注意が必要な機能でもあります。自分がCcを使う場合や、自分がCcのメールを受け取った場合にも、気を付けた方がいいことを知っておきましょう。

「念のため確認してほしい人」を入れる

Ccは、カーボンコピー(Carbon Copy)の略で、「複写」という意味です。元々は、カーボン紙を使って複写された書類のことを指していましたが、今では電子メールの用語としても定着しました。

Ccの欄には、メインの送る相手ではないけれども**メール内容を共有したい人、念のため確認してほしい人**を入れます。上司や同じプロジェクトメンバーなどを入れることが多いでしょう。Ccに入れて同報することで、**誰にどんなメールを送っているかを同時に情報共有**することができます。

メールを軽視されるリスク

Ccでメールを受け取った受信者からすると「自分はCcで参考情報ということだから、しっかり読まなくても大丈夫だろう」という意識が働きがちです。

そのため、送信者側としては「Ccで送っておけば大丈夫」と過信せず、大事な内容であればCcの人にも個別に声かけしておくなど何らかのフォローをした方がいいでしょう。

また、**「とりあえず共有しておこう」くらいの軽い気持ちで何でもかんでもCcで同報するのは考えもの**です。Ccメールが多くて大事なメールが埋もれてしまうと感じている人もいるので、Ccに入れる前に、本当に共有すべきかどうかをよく考えましょう。

自分がToのメールなら全員に返信

自分がToで受け取ったメールのCc欄に他の人のアドレスが入っていたら、**基本的には「全員に返信」で返します**。

送信者は、情報共有したくてCc欄の人に同報しています。それなのに送信者のみに返信してしまうと、相手は、その返信内容をCc欄の人たちに転送するという二度手間の作業を行わなければならないかもしれません。

ただし、同報者には関係ない本題から外れた内容、些末な質問などを送る場合は、「送信者のみに返信」とした方がいいでしょう。「情報漏洩防止」や「不要なCcメールを増やさない」という意識を常に持っておくことが大切です。

自分がCcのメールには返信しない

あくまでもメインの相手はTo欄の人で、Cc欄の人は「参考までに」とか「念のために」という意味合いが強いです。そのため、自分がCcのメールを受け取った場合、**基本的には返信する必要はありません**。Toの人を差し置いてCcの人が返信することはあまり望ましくない、とも言えます。

ただ、急ぎの内容なのにToの人が不在で対応できないのでCcである自分が代わりに回答する、といった場合は、その理由を示したうえで返信しましょう。

送信者が書いている内容に不備があるので指摘したい、という場合は、「送信者のみに返信」で（または近くにいれば直接）、送信者にそっと伝えてあげるといいでしょう。そうすれば、送信者がみんなの前で指摘されるという恥をかかずに、自ら改めて訂正メールを送ることができます。

「Bcc」はメールアドレスを非公開にしたい相手

Bccの欄は、同報していることを知られたくないとかアドレスを見せたくない場合など、用途が限られているのでほとんど使わない人も多いかもしれません。使う機会が少ないからこそ、どんなときに使うべきか、どんな点に気を付けるべきか知っておくことは重要です。

同報者のメールアドレスを隠す

Bccは、ブラインドカーボンコピー(Blind Carbon Copy）の略、つまり「見えない複写」です。**Bcc欄に入力されたアドレスは、ToやCc、他のBccでの受信者には表示されません。**

「メールを同報していること」や「メールアドレス」を他の受信者に知られたくない場合に使います。

例えば、**顧客に送るメールをこっそり上司にも確認しておいてもらいたい**とか、**お得意様に一斉に案内メールを送りたい**（アドレスをお互いに見えないようにしたい）といった場合に使うケースが多いです。

メールアドレスは「個人情報」

まず、「メールアドレスは個人情報である」ということをしっかり認識する必要があります。

個人を特定できるものは個人情報なので、「個人名@組織名.co.jp」というメールアドレスの場合、「○○会社の○○さん」だと特定できてしまうため完全に個人情報です。

@の前が個人名でなければ個人の特定はできないかもしれませんが、メールアドレスが漏えいしてしまえば、その人にスパムメールが届いたり、フィッシング詐欺被害にあったりと実害が起こり得ます。そのため、どんなアドレスも個人情報と考えて対応すべきです。

複数のメールアドレスをToやCcの欄に入れて送信するということは、**その受信者全員に個人情報であるお互いのメールアドレスを知らせることになります。**

個人情報は、本人の同意なく第三者に教えることができません。そのため、例えばセミナー申込者に一斉に受講案内を送るなど、元々お互いのアドレスを知らない外部の複数人に同時にメールする場合は、アドレスがお互いに見えないようにBcc欄に入力して送る必要があるのです。

全員をBccに入れる場合

お客様への一斉メールなど全員をBccに入れたい場合、To欄にアドレスがないと送信できないメールソフトもありますので、**To欄には自分のアドレスを入れます。**

その際、受信者にBccで送られていることがわかるように、メールの冒頭か最後に「このメールは、Bccで一斉にお送りしております」などと一言添えるといいでしょう。

自分がBccのメールをもらったら

ToやCcには別の人のアドレスが入っていて、自分がBccに入っているメールを受信した場合、返信していいのは送信者に対してだけです。もし全員に返信してしまったら、ToやCcの人は突然の予期せぬ人の登場に驚いてしまいます。トラブルにもなりかねないので、自分がBccのメールを受け取った際の返信には注意しましょう。

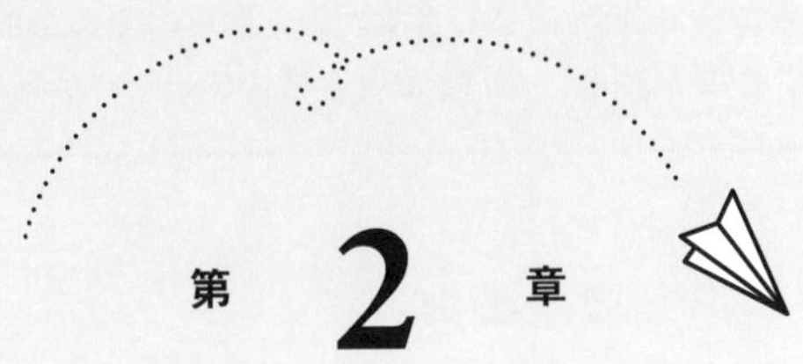

第 2 章

パターンで考える目的とゴールの決め「型」

目的とゴールが「書くべき内容」を明確にする

メールを書く際は、前述のとおり「誰に書くのか」を意識したうえで、次に、目的とゴールを明確にします。そこから、その目的とゴールを達成するために必要な情報、文章表現を考えていくのが基本です。

目的＝メールを書く理由

目的とは、「何のためにメールを書くのか」ということです。つまり、メールを書く理由です。なぜメールを書こうと思ったのかを明確にして、**本題に入る前に、その「目的」が相手にわかるように簡潔に書きます。**

例えば、「お得意様に日頃のご愛顧の感謝として新商品展示会の案内をするため」にメールを書く場合、あいさつや名乗りなどを書いた後に、

> このたび、新商品〇〇の完成披露の展示会を開催する運びとなりましたので、日頃のご愛顧に感謝いたしまして、以下のとおりご案内申し上げます。

という感じで書けば、何のためのメールなのかがすぐにわかります。

ゴール＝相手にどうしてほしいのか

メールを書く目的は自ずと意識するものではありますが、ゴールについては明確に意識しないまま書き始めてしまうことがあるのではないでしょうか。

ゴールとは、メールを読んだ相手にどうしてほしいのか、どん

な状況になってほしいのかという「目指す結果」です。これを意識することで、書くべき内容も明確になってきます。

先ほどの「お得意様への展示会案内」のメールの場合は、どんなゴールを期待するでしょうか。きっと、「お得意様に展示会に来場してもらう」ことを期待して書きますよね。

であれば、**それを実現するためにはどんな情報が必要かを考えます**。

展示会に来場してもらいたい場合、「来場してほしい」というメッセージと、相手の関心を引くような「来場したくなるような情報」、日時や場所などの「実際に来場するために必要な情報」を明記すればいいでしょう。

このたび、新商品○○の完成披露展示会を開催する運びとなりました。
つきましては、日頃のご愛顧に感謝いたしまして、○○様にぜひご来場賜りたく、一足早くご案内申し上げます。
詳細につきましては、以下のとおりでございます。

・日時：○月○日（金）〜○月○日（日）の3日間
　　　　10:00〜16:00（お好きな時間にご来場ください）
・会場：○○会館　2F　イベントホール
　　　　アクセス　http://www.xxxxxxxx.xx.jp/map
・内容：新商品○○の紹介
　　　　実際に商品をお手に取って体験いただけます。
　　　　ご来場いただいた方には記念品を贈呈いたします。

※ご来場の際は、この案内メールをプリントアウトしたものをお持ちいただくか、スマートフォン等の画面上で表示の

うえ、受付にてご提示いただけますと幸いです。

「○○様にぜひご来場賜りたく」と書くことで、「来てほしいこと」が伝わります。

「一足早く」といった短いフレーズでも「あなたには他の方よりも早くご案内しています」という特別感が表されますし、また、「体験できる」や「記念品を贈呈」という来場したくなる情報もあります。

そして、実際に来場するために必要な日時や会場、受付方法などの情報も記載されていますので、「来場してもらう」というゴールの達成の可能性も高まるでしょう。

目的とゴールを明確に意識する

以上を整理すると次のようになります。

目的 お得意様に日頃のご愛顧の感謝として新商品展示会の案内をする

ゴール →お得意様に展示会に来場してもらう

本文要素
- 「来場してほしい」というメッセージ＋「特別感」
- 来場したくなるような情報：「体験できる」「記念品を贈呈」
- 来場するために必要な情報：日時、会場、アクセス、受付方法など（箇条書き）

メールを書く際は、ぼんやりした状態で書き始めるのではなく、目的と目指すゴールを明確に意識することが大切です。

そして、それを達成するためにはどんな情報（要素）が必要かを相手の視点に立って考えます。そのうえで、それを具体的なフレーズにして本文に表現していきましょう。

メール作成の3ステップ

①目的とゴールを明確にする

↓

②達成に必要な本文要素を考える

↓

③本文にフレーズとして表現する

この章では、まず、おおまかな目的ごとに、**その目的のポイントと、その目的に共通して使いやすいフレーズの例**について紹介します。

そして、**数パターンずつの事例について、【目的】【ゴール】【本文要素】および【フレーズ】の例を紹介**していきます。

自分が書こうとしているメールに近い目的（事例）があれば、ゴールの考え方やそのために必要な要素、フレーズの例などを参考にしていただけるはずです。

目的①：報告

報告は主に、担当業務の現状や結果、それに関する自分の考えなどを、そのことに責任を持つべき相手（上司など）に伝えることです。要点や今後何をする必要があるのかなど、相手が必要とする情報を過不足なく書き、また、要素を箇条書きにするなど見やすさも意識しましょう。

「報告」に使える共通フレーズ

「○○について以下のとおりご報告します。」

「○○しましたので、ご報告いたします。」

「以下のとおりご報告しますので、ご確認お願いします。」

「以上、ご確認のほどよろしくお願いいたします。」

「ご不明な点などございましたらお知らせください。」

パターン1　会議内容を上司へ報告

目的　自分が出席した会議の概要を報告する

ゴール　→会議内容を把握してもらう
→課題について相談したい、とわかってもらう

本文要素
- 会議の概要：日時、参加者、議題、決定事項、持越し事項、主な意見や課題など（箇条書き）
- 「課題について相談したい」というメッセージ

フレーズ　「本日○○会議に出席しましたので、概要について以下のとおりご報告いたします。」
「上記の課題についてご相談したいことがありますので、後ほどご連絡いたします。」

パターン2　業務の進捗を上司へ報告

目的　自分が担当している業務の進捗状況を報告する

ゴール　→予定どおり順調に進んでいることを知ってもらう
→遅れていれば状況を知ってもらい、相談に乗ってもらう

本文要素
- 業務の進捗状況：スケジュールどおり進んでいるか、対応済み・対応中・未対応の内容、課題、対策、今後の予定、所感など
- 順調か否か、それぞれのゴールを示すメッセージ

フレーズ　「私が担当している○○プロジェクトについて、進捗状況をご報告します。」
「以上のとおり、予定どおり順調に進んでおります。」
「つきましては、この遅れを取り戻すため、進め方についてご相談させていただけますでしょうか。」

パターン3　トラブル状況報告

目的　トラブルの内容や対応状況について情報共有する

ゴール　→トラブルの内容、経緯、原因などを理解してもらったうえで、各自再発防止に努めてもらう

本文要素
- トラブルの発生日時、内容、経緯、原因、対応状況、再発防止策など（箇条書き）
- 「再発防止に努めてほしい」というメッセージ

フレーズ　「今般発生した○○のトラブルについて、以下のとおり状況報告いたします。」
「各自、再発防止に努めていただきますようお願いします。」

目的②：お知らせ

お知らせや連絡とは、業務で必要と考えられる情報を関係者に知らせることです。「報告」と比べると、幅広い対象者に客観的な事実のアナウンスをするという側面が強いです。多くの人に一斉に連絡することが多いので、関係者に漏れなくわかりやすく伝えることが大切です。

「お知らせ」に使える共通フレーズ

「○○について以下のとおりご連絡（お知らせ）します。」

「このたび、○○することとなりましたので、ご連絡いたします。」

「○○については、以下のとおりです。」

「ご不明な点などございましたら、○○までお問い合わせください。」

「まずは、ご連絡のみにて失礼いたします。」

パターン1　会議開催のお知らせ

目的　開催予定の会議についてお知らせする

ゴール
→会議の予定を把握してもらい、準備をしてもらう
→出席できない場合は、代理の人に出席してもらう

本文要素
- 会議の概要：日時、場所、議題など（箇条書き）
- 出席にあたり準備してほしいことの説明
- 出席できない場合の対応方法（代理出席）

フレーズ
「次回の○○会議を以下のとおり開催いたします。」
「事前に添付の資料をご一読のうえ、ご出席いただきますようお願いします。」
「出席できない場合は、代理の方の出席をお願いします。」

パターン2　価格改定のお知らせ

目的　商品価格の改定予定についてお知らせする

ゴール　→価格改定（値上げ）の予定について把握および理解してもらう

本文要素
- 価格改定の理由：努力したがやむを得ず値上げせざるを得ないという事情
- 理解していただきたいというメッセージ
- 価格改定の対象商品、旧価格、新価格、改定実施日

フレーズ　「誠に遺憾ではありますが、以下のとおり価格を改定することとなりました。」
「何卒ご理解の程、よろしくお願いいたします。」

パターン3　休業日の連絡

目的　会社の休業予定日を連絡する

ゴール　→休業予定日を把握および理解してもらい、双方の業務に支障がないようにする

本文要素
- 休業の理由：夏季休業、年末年始休業、工事や棚卸しのための臨時休業など
- 休業日程
- 注意事項：緊急連絡先や休業中のメールへの対応についてなど

フレーズ　「誠に勝手ながら、○○のため、下記の期間を臨時休業とさせていただきます。」
「休業中にいただいたメール等につきましては、営業再開後に順次対応いたします。」

目的③：送付

書類やカタログ、商品などを送付する際には、何を送るのか、どうやって送るのか、を明記します。メールで添付するのか、郵送なのかなどをわかりやすく書きます。郵送などメールとは別の手段で送る場合は、いつ発送した（する）のかや、到着日時の目安も伝えるといいでしょう。

「送付」に使える共通フレーズ

「○○のファイルを送付いたしますので、ご確認ください。」
「データは、以下のURLよりダウンロードをお願いします。」
「ご注文いただいた○○を、本日、郵送にてお送りしました。」
「ご査収（ご確認）のほど、よろしくお願いいたします。」

パターン1　見積書の送付　ー添付ファイル

目的　依頼のあった見積書（PDF）を送付する

ゴール　→見積書に記載した商品やサービスを発注してもらう

本文要素
- 見積依頼に対するお礼
- 添付ファイルで送付する旨（複数データの場合は、添付ファイル名および内容を箇条書きで明記）
- 見積書の有効期限
- 「検討をお願いする」旨のメッセージ

フレーズ　「このたびは、見積もりのご依頼をいただきまして誠にありがとうございます。」
「お見積書を添付にてお送りいたします。」
「本見積もりの有効期限は○月○日までとなります。」

パターン2　カタログの送付　ーファイル転送サービス

目的　取引先に依頼された製品カタログを送付する

ゴール　→希望に合った製品を見つけてもらい、注文または詳細の問い合わせをしてもらう

本文要素
- カタログ送付の依頼に対するお礼
- ファイル転送サービスのURL
- 補足情報：アピールポイントや注意点など
- 何かあれば連絡いただきたい旨のメッセージ

フレーズ　「以下のURLより電子版のカタログがダウンロードいただけますのでご確認ください。」
「特にカタログ○○ページに記載のものは、貴社が重視されている○○の性能が非常に優れた製品となっております。」

パターン3　商品の送付　ー宅配便

目的　注文のあった商品を送付したことを知らせる

ゴール　→発送内容を把握し安心してもらう
→受領の心構えをしてもらうとともに、商品確認後には受領書を返送してもらう

本文要素
- 注文へのお礼
- 発送した商品名・数量、発送日および到着予定日時、発送手段、追跡番号など（箇条書き）
- 商品到着後の対応：受領書の返送など

フレーズ　「商品は、本日、以下のとおり宅配便にて発送いたしました。」
「なお、商品をご確認後、同封の受領書をご返送くださいますようお願いいたします。」

目的④：お誘い

イベントや懇親会などを企画した場合は、参加してほしい相手に「参加しませんか？」というお誘い（案内）を送ります。その案内には、イベントなどの趣旨や参加してほしい旨のメッセージ、実施内容の詳細、参加方法など、参加しようと思ってもらえるような情報を記載します。

「お誘い」に使える共通フレーズ

「このたび、以下のとおり○○を開催することとなりました。」
「ご多忙中とは存じますが、ぜひご出席賜りますようご案内申し上げます。」
「万障お繰り合わせのうえご出席ください。（参加を強く願う場合）」

パターン1　懇親会のお誘い

目的　懇親会について案内する

ゴール　→懇親会の予定を把握し、参加しようと思ってもらう
→出欠の回答をしてもらう

本文要素
- 懇親会の趣旨や主賓の氏名など
- 参加してほしいというメッセージ
- 懇親会の詳細：日時、場所、会費、会費の集め方、予約名など（箇条書き）
- 出欠の回答依頼および回答期限

フレーズ　「このたび入社された○○さんの歓迎会を以下のとおり開催することとなりました。」
「お忙しい時期とは思いますが、ぜひご参加いただき

ますようよろしくお願いします。」
「出欠については、○月○日までに本メールへの返信にてご回答願います。」

パターン2　イベントのお誘い

目的　会社主催のイベントについて広く案内する

ゴール　→イベントの開催を知り、興味を持ってもらう
→参加希望の人に、申し込みをしてもらう

本文要素
- イベントの種類や趣旨
- イベントの詳細：日時、会場、テーマ、講師名、プロフィールなど（箇条書き）
- 申込方法および申込期限

フレーズ　「このたび当社では、○○の第一人者である○○氏をお招きして「○○○○」をテーマとした講演会を開催することとなりました。」

パターン3　記念式典の案内

目的　取引先に会社の記念式典の案内をする

ゴール　→記念式典の開催を知り、参加しようと思ってもらう
→出欠の回答をしてもらう

本文要素
- 式典の種類と日頃の支援へのお礼
- 開催の趣旨と参列してほしいというメッセージ
- 式典の詳細：日時、会場、会費、式次第、問い合わせ先など（箇条書き）
- 出欠の回答依頼および回答期限

フレーズ　「弊社は令和○年○月○日をもちまして、創立○周年を迎えることとなりました。これもひとえに皆様のご支援の賜物と心より感謝しております。」

目的⑤：依頼

何かを依頼（お願い）するメールには、どんな理由で、いつまでに、何をしてほしいのかを明確に書きます。必要な情報をわかりやすく整理したうえで、クッション言葉を上手に使ったり、言葉遣いに気を付けたりと、相手にできるだけ快く承諾してもらえる書き方を意識しましょう。

「依頼」に使える共通フレーズ

「○○をお願いしたく、ご連絡いたしました。」

「お忙しいところ恐縮ですが、○○をお願いできますでしょうか。」

「このたび、○○をすることとなり、○○様にぜひ○○をお引き受けいただきたく、ご連絡差し上げた次第です。」

「恐れ入りますが、○月○日までに○○いただけますと幸いです。」

パターン1　見積書の送付依頼

目的　見積書を送付してもらうよう依頼する

ゴール　→要望に合った見積書を作成してもらう
→希望する期日までにメールで送付してもらう

本文要素
- 希望する商品やサービスの内容・数量・条件など
- 希望する送付期日

フレーズ　「現在弊社では、貴社の○○の導入を検討しております。つきましては、以下の条件でお見積書を作成いただけないでしょうか。」
「社内調整のため、○月○日（○）までに見積書をメールにて送付いただけますと幸いです。」

パターン2　急な仕事の依頼

目的　期限まであまり時間がない仕事を依頼する

ゴール　→なるべく快く引き受けてもらう
→期限までに仕事をやり遂げてもらう

本文要素
- 急いでやってもらいたい事情
- 仕事の詳細内容＋期限＋条件
- その相手にお願いしたい理由
- なんとか引き受けてほしいというメッセージ

フレーズ　「急遽○○という状況となり、早急に○○を準備しなければならなくなりました。」
「つきましては、厳しいスケジュールで大変恐縮ですが、○月○日までに以下の仕様および条件での制作をお願いできないでしょうか。」

パターン3　アンケートへの協力依頼

目的　事業の参考用アンケートへの協力を依頼する

ゴール　→できるだけ多くの人にアンケートに回答してもらう

本文要素
- アンケートの目的
- アンケートの概要：設問数、所要時間など
- 回答方法および期限、あれば回答者への特典
- 個人情報の取扱いに関する説明

フレーズ　「本日は、弊社の○○サービスの改善のため、アンケートにご協力をお願いしたくご連絡いたしました。」
「なお、ご記入いただいた個人情報や回答については、弊社のプライバシーポリシーに従い厳重に管理し、第三者に提供することはありません。」

目的⑥：相談・交渉

相談ごとや相手との条件面などの交渉は、込み入った話であることも多いので、対面や電話で相談したいということをメールで打診してもいいでしょう。メールで本題まで書く場合は、事情や相談したいポイントを整理して、具体的にわかりやすく書くことが大切です。

「相談・交渉」に使える共通フレーズ

「○○についてご相談したいことがあり、メールを差し上げました。」

「○○について○○様のご意見をお聞かせいただけないでしょうか。」

「これはご相談なのですが、○○を○○するのはいかがでしょうか。」

パターン1　上司への仕事の相談

目的　上司に仕事の相談に乗ってもらう

ゴール　→上司に、仕事についての悩みをわかってもらう
→相談のための時間を取ってもらう

本文要素
- どの仕事のどんな点に悩んでいるかのポイント
- 直接相談したいので時間を取ってほしいというメッセージ

フレーズ　「実は、現在○○という状況となっており、○○の対応に悩んでおります。ついては、詳細のご説明をさせていただき、部長のご助言をいただきたく思っております。」
「本日の午後、少しお時間をいただくことはできますでしょうか。」

パターン2　条件変更（値引きなど）の交渉

目的　見積り金額からの値引きができないか交渉する

ゴール　→事情を理解してもらい、値引きを承諾してもらう

本文要素
- 提示された見積り金額では発注が難しいという旨
- できれば、相手に発注したいという意向
- ○%値引きを検討してほしいというお願い
- 回答してほしい期限

フレーズ　「先日送付いただいた○○の見積書の金額について、折り入ってご相談がありメールを差し上げました。」

「社内で検討した結果、○○といった状況のため、ご提示の金額では貴社に発注するのは難しいという結論に至りました。」

「弊社としては、これまでのお付き合いもありますので、できれば貴社にお願いしたいと考えております。」

「つきましては、大変申し上げにくいのですが、○%程度のお値引きをご検討いただけないでしょうか。」

パターン3　経験者に助言を求める

目的　講演会講師に支払う講演料について相談する

ゴール　→講師へ提示する適切な金額を教えてもらう

本文要素
- 講演会講師に提示する講演料について相談したい旨
- 相手にアドバイスをお願いする理由
- 適切な金額を教えてほしいというメッセージ
- 講演会や講師についての詳細情報

フレーズ　「当課で講演会を実施するのが初めてで金額の相場がまったくわからないため、ご経験のある○○さんにご助言をお願いする次第です。」

目的⑦：確認・質問

確認のメールでは、何を知りたいのか明確にしたうえで、教えてほしいというお願いをします。相手から的確な回答をもらうためには、こちらの希望する条件や確認したいポイントについて、箇条書きなどを使ってわかりやすく簡潔に表現することが大切です。

「確認・質問」に使える共通フレーズ

「○○についてお伺いしたいことがあり、ご連絡いたしました。」

「○○について、以下の2点を確認させていただきたく存じます。」

「○○について、3点質問がございます。」

「恐れ入りますが、○月○日までにご回答いただけますと幸いです。」

「ご教示のほどよろしくお願いいたします。」

パターン1　商品在庫の問い合わせ

目的　購入希望商品の在庫について問い合わせる

ゴール　→希望商品の在庫と希望日までの納品の可否を確認し、可能であれば手配してもらう

本文要素
- 希望商品の在庫確認をしたいという説明
- 商品名、希望数量、納品希望日（箇条書き）
- 可能なら手配をお願いしたい＋状況について回答してほしいというメッセージ

フレーズ　「早速ですが、下記記載の商品につきまして、在庫の確認をさせていただきたく存じます。」

「ご対応が可能であれば、上記の数量および納期でお

手配をお願いできますでしょうか。」

パターン2　取引条件の確認

目的　製品導入の判断のため取引条件を確認する

ゴール　→取引条件の詳細について回答してもらう

本文要素

- カタログ送付のお礼
- 製品○○を導入検討中であるという説明
- 取引条件の詳細を回答してほしいというメッセージ
- 回答してほしい項目：価格、年間の保守費用、その他の費用や支払い条件など（箇条書き）

フレーズ　「社内で検討しまして、製品○○（型番○○）を導入する方向で考えております。」
「つきましては、この製品の具体的なお取引条件として、以下の項目にご回答いただけますでしょうか。」

パターン3　業務上の複数の質問

目的　業務上、疑問に思った複数の点について質問する

ゴール　→疑問点すべてに回答をもらい、疑問を解消する

本文要素

- 業務を進めるうえで確認したい点があるということと、その数
- 確認したいポイント（数字の箇条書き）
- 回答してほしい期限

フレーズ　「○○を進めるにあたり、以下の3点について確認させていただきたくご連絡しました。」
「1. ○○は、AとBのどちらにいたしましょうか。
2. ○○でも差支えはないでしょうか。
3. ○○をお送りいただくことは可能でしょうか。」

目的⑧：承諾・断り・回答

相手からの依頼や問い合わせに返事をする場合は、何に対する回答なのかを明確にし、誤解なく伝わるような書き方にします。断りの返事は、クッション言葉や婉曲な表現を使ってマイナスイメージを和らげるとともに、理由を書いて事情を理解してもらえるように配慮します。

「承諾・断り・回答」に使える共通フレーズ

「このたびはご依頼いただきまして、誠にありがとうございます。」

「喜んでお引き受けいたします。」

「ご期待に沿えず申し訳ございません。」

「ご依頼いただきました○○について、ご回答いたします。」

「ご不明な点がございましたら、遠慮なくお知らせください。」

パターン1　仕事の依頼を承諾する

目的　依頼された仕事を引き受ける旨回答する

ゴール　→引き受けることを理解してもらう
→次のステップに進むため、詳細の情報をもらう

本文要素
- 依頼してくれたことへのお礼
- 仕事を引き受ける旨の回答
- 詳細情報について連絡してほしい旨のメッセージ

フレーズ　「○○について承知いたしました。喜んでお引き受けしたく存じます。」
「つきましては、今後のスケジュールや具体的な○○等の詳細についてご連絡いただけますと幸いです。」

パターン2　仕事の依頼を断る

目的　依頼された仕事はできない旨回答する

ゴール　→引き受けられないことと事情を理解してもらう
→今後の関係性は維持する

本文要素
- 依頼してくれたことへのお礼
- 引き受けることはできないこととその理由
- 申し訳ない旨のメッセージ
- 今後機会があれば連絡してほしい旨のメッセージ

フレーズ　「お引き受けしたいところではございますが、あいにく来週納期の作業に追われており、ご期待に沿うことができない状況です。」
「お役に立てず誠に申し訳ございません。」
「今後また機会がございましたら、ご連絡いただけますと幸いです。」

パターン3　複数の質問へ回答する

目的　複数の質問について回答する

ゴール　→質問の回答について理解してもらう
→他にも疑問があれば知らせてもらう

本文要素
- 質問に対する回答（相手の質問を部分引用）
- 不明な点があれば知らせてほしい旨のメッセージ

フレーズ　「>1. ○○は、AとBのどちらにいたしましょうか。
→Aでお願いいたします。
>2. ○○でも差支えはないでしょうか。
→差支えはございません。
>3. ○○をお送りいただくことは可能でしょうか。
→はい、大丈夫です。このメールに添付します。」

目的⑨：アポ取り

アポとは「アポイントメント（＝面会などの約束）」の略です。アポ取りのメールでは、相手に会おうと思ってもらえるような書き方をして、日程調整までを行います。双方の都合が良い日程の調整が効率的に行えるような書き方を意識しましょう。

「アポ取り」に使える共通フレーズ

「○○について、お打合せをお願いしたいと思っています。」

「以下の日程のうち、ご都合の良い日時をお知らせいただけますでしょうか。」

「お時間は30分程度をいただければと存じます。」

「来週の午後で、1時間ほどお時間を頂戴できる日はございますでしょうか。」

パターン1　打合せのアポ取り

目的　打合せのアポを取る

ゴール　→打合せの必要性を理解してもらい、都合の良い日程を回答してもらう
→都合が悪ければ、先方に候補日程を出してもらう

本文要素
- 打合せをしたい理由
- 日程調整のためのフレーズと所要時間
- 候補日程（箇条書き）
- 訪問、オンラインのどちらでもいい旨の説明
- 挙げた候補日では都合が悪い場合の補足説明

フレーズ　「今月中に一度、○○の進捗状況をご確認いただき、今後の進め方を検討するための打合せをさせていただきたいと考えております。」
「以下日程のうちご都合のよろしい日時をご連絡いただけますでしょうか。所要時間は30分程度を予定しております。」
「打合せは、貴社へ訪問、オンラインのどちらでも可能ですので、ご希望をお知らせください。」
「上記の日程でご都合が合わない場合は、○○様のご都合のよろしい日時をいくつかお知らせいただけますと幸いです。」

パターン2　複数の人との日程調整

目的　会議日程を決めるための日程調整をする

ゴール　→参加人数が多い日程で会議を設定することを理解してもらう
→各候補日について都合を回答してもらう

本文要素
- 会議を開催するための日程調整をする旨の説明
- 参加可能な人が一番多い日程で設定することの説明
- 回答方法
- 候補日時（箇条書き）

フレーズ　「○○会議の開催日程の調整をさせていただきたくご連絡いたしました。」
「この会議は、参加可能な方が一番多い日程で設定したいと思っております。」
「つきましては、以下の各候補日について、ご都合を○×でお知らせいただきますようお願いいたします。」

目的⑩：お礼

何かをしてもらったときのお礼のメールは、なるべく早く送りましょう。そして、何に対するお礼なのかが相手にわかるように具体的に書きます。感謝の気持ちが伝わるように、状況に応じた言葉で、心を込めて丁寧に書くことが大切です。

「お礼」に使える共通フレーズ

「本日は貴重なお時間をいただき、ありがとうございました。」

「○○にもかかわらず○○いただき、心より感謝申し上げます。」

「○○も○○くださり、重ねてお礼申し上げます。」

「おかげさまで○○することができました。」

「まずはメールにてお礼を申し上げます。」

パターン1　迅速な対応へのお礼

目的　急な依頼に迅速に対応してくれたことにお礼する

ゴール　→助かったことと感謝の気持ちが伝わる
→今後もいい関係を続ける

本文要素
- 急な依頼に対応してくれたことへの感謝の言葉
- そのおかげで助かったこと（具体的に）
- 今後もよろしくお願いしたいというメッセージ

フレーズ　「昨日は、急な依頼にもかかわらず、迅速にご対応いただき誠にありがとうございました。」
「おかげさまで、期限に間に合わせることができ、本当に助かりました。心より感謝申し上げます。」

パターン2　打合せなどのお礼

目的　打合せで時間を割いてくれたことにお礼する

ゴール　→時間を割いてくれたことへの感謝の気持ちが伝わる
→今後の仕事をスムーズに進める

本文要素
- 時間を割いてくれたことへの感謝の言葉
- 打合せで得られたこと（具体的に）
- それを踏まえた今後の予定
- 引き続きよろしくお願いしたいというメッセージ

フレーズ　「貴社の○○や○○を具体的に伺うことができ、○○導入までのイメージがかなり明確になりました。厚くお礼申し上げます。」
「今回挙げていただきました○○などを盛り込み、改めて○○書を作成しお送りいたします。」

パターン3　会食のお礼

目的　会食でごちそうになったことにお礼する

ゴール　→感謝や嬉しかった気持ちが伝わる
→今後もいい関係を続ける

本文要素
- ごちそういただいたことへの感謝の言葉
- 食事の美味しさ、親睦を深められて嬉しかったこと
- 今後の意気込み
- 今後もよろしくお願いしたいというメッセージ

フレーズ　「昨日は、会食の機会をいただきまして誠にありがとうございました。すっかりごちそうになってしまい大変恐縮しております。」
「料理もとても美味しく、また、貴社の皆様と親睦を深めることができ、本当に嬉しく思っております。」

目的⑪：お詫び

ミスやトラブルなどが判明したら、すぐに相手に連絡します。内容によっては、まずは電話で連絡し、直接お詫びした方がいいでしょう。メールを送る場合は、ミスやトラブルの内容と謝罪の言葉、原因、対応策などを書きます。心を込めて、誠実にお詫びの気持ちを伝えましょう。

「お詫び」に使える共通フレーズ

「このたびは、○○してしまい、誠に申し訳ございません。」

「弊社の不手際により○○しましたこと、心より（深く、謹んで）お詫び申し上げます。」

「こちらの手違いでご迷惑をおかけすることになり、お詫びの言葉もございません。」

「このようなことを二度と繰り返さないように対処いたします。」

「どうかご容赦くださいますようお願い申し上げます。」

パターン1　納品遅れについてのお詫び

目的　注文された商品の納期遅れについてお詫びする

ゴール
→納期遅れへのお詫びの気持ちが伝わる
→原因を理解してもらう
→今後も変わらぬ付き合いをしてもらう

本文要素
- 納期遅れについてのお詫びの言葉
- 納期遅れの原因＋さらにお詫びの言葉
- 再発防止の決意
- 今後もよろしくお願いしますというメッセージ

フレーズ　「このたび、ご注文いただきました商品○○の納期が遅れましたこと、心よりお詫び申し上げます。」
「調査しましたところ、弊社内での手続きの不備によるものと判明いたしました。多大なご迷惑をおかけしてしまい、誠に申し訳ございません。」
「今後は二度とこのようなことのないよう、チェック体制を強化してまいります。どうか、変わらぬお引き立てを賜りますよう、よろしくお願い申し上げます。」

パターン2　書類のミスのお詫び

目的　見積書の金額ミスについてお詫びする

ゴール　→金額ミスを知ってもらい、お詫びの気持ちが伝わる
→正しい書類を受け取り、間違い分は削除してもらう
→許してもらう

本文要素　金額ミスの事実＋間違い箇所の情報＋お詫びの言葉
正しい書類を添付していること
間違った書類は削除してほしいということ
再発防止に努めるので許してほしい旨のメッセージ

フレーズ　「実は、先ほどお送りした見積書（No.0000）につきまして、金額の誤りがありご連絡いたしました。」
「商品○○（型番XX）の価格が旧型の価格になっておりました。私の確認不足でご迷惑をおかけしてしまい、誠に申し訳ございません。」
「つきましては、訂正した見積書を添付しますので、ご確認のほどよろしくお願いいたします。なお、お手数をおかけして大変恐縮ですが、訂正前の見積書のデータは削除いただきますようお願いいたします。」

目的⑫：異動・退職

人事異動や退職で今の部署を離れることとなった場合は、仕事上でお世話になった人にあいさつのメールを送ります。まずはお世話になったお礼と、異動であれば異動先の部署などを書きます。相手が取引先などであれば、後任の担当者のことも書くといいでしょう。

「異動・退職」に使える共通フレーズ

「このたび、○月○日付で○○部へ異動することとなりました。」

「私事で大変恐縮ですが、○月○日をもちまして、○○社を退職することとなりました。」

「在任中は、○○様には大変お世話になり、誠にありがとうございました。」

「本来なら直接お伺いしてご挨拶すべきところ、メールでのご連絡となり誠に申し訳ございません。」

パターン1　取引先への異動のあいさつ

目的　取引先へ異動のあいさつをする

ゴール　→異動することを知ってもらう
→お世話になったお礼の気持ちが伝わる
→後任の情報を把握してもらう

本文要素
- 異動になったこと、異動日、異動先
- 直接あいさつできないことのお詫び
- お世話になったお礼
- 後任の氏名、後任から改めて連絡すること

- 今後も支援をお願いしたい旨のメッセージ

フレーズ　「これまで、○○様には○○など大変お世話になりました。心より感謝申し上げます。」
「今後につきましては、同じ部署の○○○○が引き継いで担当いたします。改めて、○○からご連絡させていただきます。」

パターン2　社内への退職のあいさつ

目的　出勤最終日にあたり、退職のあいさつをする
※退職することはすでに伝わっている状況

ゴール　→お世話になったお礼の気持ちが伝わる
→退職後の連絡先を把握してもらう
→今後もいい関係を続ける

本文要素
- 退職日付およびその日が出勤最終日であること
- 直接あいさつできないことのお詫び
- お世話になったお礼（エピソードなど）
- 退職後の連絡先
- 今後のご健勝を祈るメッセージ

フレーズ　「私事ではございますが、一身上の都合により○月○日付で退職することとなり、本日が出勤最終日となりました。」
「○○部長には、これまで長い間大変お世話になり、本当にありがとうございました。○○など非常に多くのことを学ばせていただき、心より感謝しております。」
「退職後の連絡先は以下のとおりです。今後ともご連絡いただけますと幸いです。」
「最後になりましたが、○○部長のさらなるご健勝を心よりお祈り申し上げます。」

COLUMN

イライラは文章に表れる

受け取ったメールを読んでイラっとした経験というのは、多くの人が持っていると思います。そんなときにイライラしたまま返信を書いて、後から「あんな書き方しなければよかった……」と後悔したことはありませんか？

相手の文章が失礼とか、質問に答えていないとか、こちらの意図を汲んでくれていないとか、イラっとした理由は様々あるでしょう。自分が思う「こうあるべき」が裏切られると、怒りを感じてしまうものです。

その感情自体は自然なものですが、怒りの感情のまま文章を書くのはとても危険なことです。イライラしているときはあまり理性的になれず、思った以上に攻撃的な文章になりがちだからです。

そして、それを十分に読み返さないまま勢いで送信してしまうと、今度は相手側を怒らせるなど余計なトラブルに発展するリスクがあります。

相手のメールを読んでイライラしたときは、すぐに返事を書かずに感情のクールダウンのための時間をとりましょう。ゆっくり深呼吸したり、お茶を飲んだり、トイレに行ったりして気持ちを落ち着けます。急ぎでなければ、いったん別の仕事をしてもいいですね。

そして、心を整えてから自分の伝えたいことを冷静に整理して、感情的な文章にならないよう気を付けながら返事を書きます。書き終わってもすぐには送信せずに、注意深く読み返してみて、問題ないと感じてから送信するのが安全です。

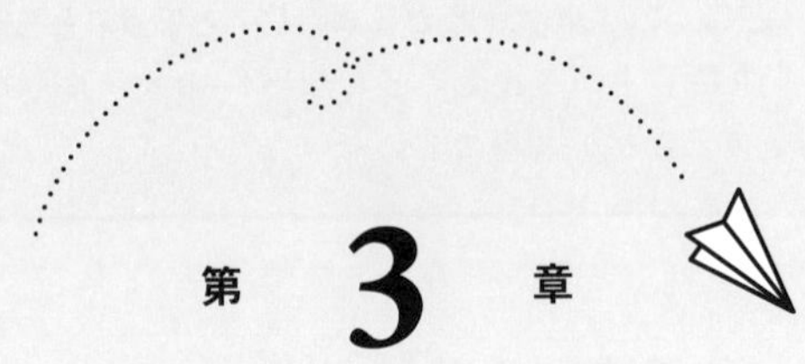

第 3 章

悩まず、早く書くためのメールの「型」

件名の付け方でメールの運命が変わる?

メールの受信一覧で表示されるのは、「送信者名」と「件名」です。「送信者名」は「どこ」の「誰」かわかるように、ということを書きましたが、もう片方の「件名」もパッと見てどんな用件のメールなのか、具体的でわかりやすくすることが大事です。

件名はメールをさばく判断材料

「はじめまして」「ご相談」「来週の件」といった件名のメールを受け取ったことはありませんか？ これでは、どんな用件のメールかさっぱりわかりませんよね。プライベートのメールならOKだとしても、ビジネスメールではこのような件名は付けない方がいいでしょう。

メールを受け取った相手は、「ん？ 何のメール？」と眉間にしわを寄せたり、よくわからないメールだからと読むのを後回しにしたりするかもしれません。場合によっては、迷惑メールのように怪しく見えて開いてもらえなかったり、最悪、削除されてしまったりするリスクもあります。

メールを開く前にどんな用件かわかれば、読む優先順位（仕事の対応順）を決められますし、メールを読む心の準備もできます。また、過去のメールを探すときなど、メールの管理がしやすくもなります。

受信者にとって件名は、それだけ重要な情報なのです。わかりやすい件名を付ければ、**すぐに読んでもらえてスピーディーに対応してもらえるなど、送信者側にも大きなメリットがあります。**

お互いのために、できるだけ相手の助けになるようなわかりやすい件名を付けることを心がけましょう。

わかりやすい件名①：目的が明確で具体的

わかりやすい件名とは、「何の用件でメールをしたのか」というメールの目的が明確で、相手がすぐに理解できるものです。あいまいな言葉ではなく、必ず具体的に書くようにしましょう。

目的を明確に書く

件名には、**「報告」や「相談」などの目的を明確に書きます。**報告されるのか、相談されるのかで、読む側の心構えも全然違ってきますよね。

× 打合せの件　→　△ 打合せの日程変更のご相談

×の例では「打合せ」以外の情報がなく、まったく目的が見えません。相手は「打合せがなんなの？」と疑問に思いながらメールを開くことになるでしょう。

△の例のようにすれば、「打合せの日程変更について相談したい」という目的がわかりますので、少しは良くなりました。

具体的な名称や数字を入れる

上の例では、打合せが複数ある人の場合、「何の打合せ？」という疑問がまだ残るかもしれません。次のように具体的な名称や数字（日付や第○回）を入れれば、10/19の「予算打合せ」の日程変更を相談したいというのが具体的にわかります。

10/19予算打合せの日程変更のご相談

わかりやすい件名②：簡潔で見やすい

件名の内容面は非常に重要ですが、それだけではなく「見た目」も大切です。内容面の条件（目的が明確で具体的）を満たしたうえで、簡潔で見やすい件名を付けることも心がけましょう。

短く、簡潔に

具体的にするからといって、件名が長くなり過ぎるのはよくありません。受信一覧がどのように表示されるかは、使っているメールソフトや設定状況によって違います。長すぎて大事な部分が隠れてしまうと意味がありませんよね。

件名は、**20文字前後、長くても30文字以内**で簡潔に書きましょう。

念のため、**キーワードとなる言葉はなるべく前の方に書く**ようにすると、相手が把握しやすくなって親切です。

見やすくする工夫

見やすくするためには、長すぎないのはもちろんですが、

- 漢字ばかりにならないようにする
- 数字を使う
- カッコ書きや記号を使う

といった工夫をするといいでしょう。

10/19予算打合せの日程変更のご相談　→
【ご相談】10/19予算打合せの日程変更について

商品○○のカタログおよび参考資料の送付　→
《資料送付》商品○○のカタログおよび参考資料

9/23展示会のアンケートご協力のお願い　→
【ご協力のお願い】9/23展示会のアンケートについて

11/16○○制度説明会への出欠についてのご確認　→
（確認）11/16○○制度説明会への出欠について

カッコ書きや記号を使うと、受信一覧の中で少し目立つという効果もあります。

COLUMN

【重要】や【至急】は要注意

大事なメールや急ぐメールであっても、【重要】や【至急】【緊急】と件名に付けるのはよく考えてからにしましょう。あまり使わない方がいい、とも言えます。送信者の都合を押し付けられているように感じて不快に思う人がいるからです。

また、相手にとってそれほど重要と感じられないメールに【重要】と付けてしまったら、信用をなくしてしまうかもしれません。

これらの言葉は、本当に双方にとって非常に重要とか、数時間以内に返信してもらう必要がある場合に限って使うようにしましょう。

わかりやすい件名③：返信時の件名はどうする？

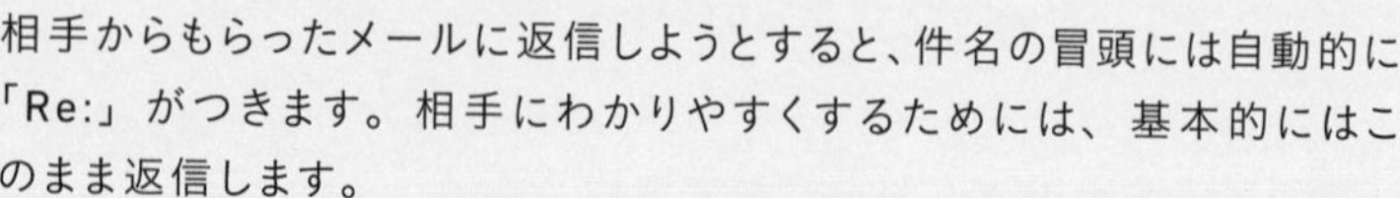

相手からもらったメールに返信しようとすると、件名の冒頭には自動的に「Re:」がつきます。相手にわかりやすくするためには、基本的にはこのまま返信します。

返信メールの件名は変えないのが基本

件名の冒頭に「Re:」が付いた状態でそのまま返せば、相手は、自分が送ったメールの返信だということがすぐにわかります。ですので、**返信時の件名は変えないようにするのが基本**です。

人は、返事がほしいメールを自分が送ったら、その返信メールが来るのを待っていますよね。「Re:」は、その「返信」の印になるわけです。

また、相手によっては、同じ件名が自動的に1つのスレッドにまとまる表示設定にしている場合もあります。**件名を変更しなければ送受信メールが同じスレッドでまとめられる**ので、相手のメール管理もしやすいです。

今日
当社採用ページ、原稿執筆のお願い
佐藤 花子（E社）
山田 様 ご質問の件、ほかに依頼をしている方につい
山田太郎（E社） 送信済みアイテム
佐藤 様
佐藤 花子（E社）
山田 様 さっそくご返事いただきありがとうございます。
佐藤 花子（E社）
山田 様 お疲れ様です、佐藤でございます。
山田太郎（E社） 送信済みアイテム
佐藤 様 山田です。おつかれさまです。 下記の件、承

Outlookで「スレッドとして表示」をオンにした場合

内容が変わったら件名も書き換える

同じ人とメールのやりとりをしているうちに内容が変わってくることはよくあります。**話題にしているテーマが変わったら、そのタイミングで、新しいテーマをわかりやすく表す件名に書き換えると丁寧**です。

ずっと同じ件名のままやりとりをしていると、後から「あの内容のメールはどこだっけ？」と探そうと思ってもなかなか見つからない、ということになりがちです。

内容の変更に合わせて件名も変更すれば、相手もテーマが変わったことを明確に理解できるようになりますし、内容ごとにメールを管理することができます。

COLUMN

「Re:」が増えていく場合

返信を繰り返すたびに「Re:」がどんどん増えていくことがありますよね。これが続くと、受信一覧で見たときにとても見にくくなりますし、最終的には「Re:Re:Re:Re:」ばかり表示されて大事な部分が見えないということにもなりかねません。

同じテーマでのやりとりが続く場合は、冒頭の「Re:」を1つだけ残して増えた分は削除するといいでしょう。

メール本文の「型」を知る：基本の7要素＋α

日本の多くのビジネスパーソンは、はっきりと意識していなくても、ある共通の基本を押さえてメールを書いています。それを「型」として明確に意識して書くことで、マナーに沿ったメールを、悩まず、スピーディーに書くことができるようになります。

基本の7要素＋α

基本がわからず、悩みながら書くと非常に時間がかかります。ぜひ、メール本文の「型」を知って、相手にとっても読みやすく好印象のメールを、悩まず効率的に書けるようになりましょう。メール本文の「型」とは、次の「基本の7要素＋α」です。

①宛名
②冒頭のあいさつ
③名乗り
＋α 謝辞（なんらかのありがとう） → ※必須ではない
④要旨（目的）
⑤詳細内容
⑥結びのあいさつ
⑦署名

例文

基本の7要素＋αに沿って書いたメールの例文を1つ示します。この章では、それぞれの**基本要素のポイントについて解説**していきます。

○○株式会社　①宛名
吉田 様

いつもお世話になっております。　②冒頭のあいさつ
株式会社○○企画部の佐藤でございます。　③名乗り

先日はお忙しい中、お時間をいただきまして　＋α謝辞
誠にありがとうございました。

次回のzoom打合せについて　④要旨
以下のとおり決まりましたのでご連絡いたします。

■日時：○月○日（木）14:00-15:00　⑤詳細
■ミーティングURL：https://xxxxxxx.zoom.us/j/12345678901
■内容：企画案の詳細と今後のスケジュールについて
※打合せ用の資料は、前日にメールにて送付いたします。

以上、ご確認のほどよろしくお願いいたします。　⑥結びのあいさつ

株式会社○○　⑦署名
企画部　佐藤 一夫
〒xxx-xxxx東京都千代田区○○○ x-x-x ○○ビル3F
TEL：03-xxxx-xxxx　FAX：03-xxxx-xxxx
E-mail：satoukazuo33@xxxxoffice.co.jp
URL：http://www.xxxxoffice.co.jp/

メール本文の型①：宛名

宛名は、メールを受信する相手そのものですので、間違いや失礼がないように特に気を付けて書く必要があります。氏名の後ろに付ける敬称にはいくつか種類があるので、覚えておきましょう。

宛名の基本

初めてメールする場合は、**組織名や部署名も省略せず、氏名もフルネームで書く**と丁寧です。もちろん、必ず敬称を付けます。

株式会社□□
営業部第一課
課長 山田太郎 様

「株式会社□□」を「□□株式会社」と間違えたり、(株) や (有) などの略字を使ったりしないよう注意します。

その後、何度かやりとりをしているのに毎回このように書くと仰々しい印象になりますので、**関係性ができたら、次のように簡略化していく**といいでしょう。

株式会社□□
山田課長

株式会社□□
山田 様

複数の相手に送る場合

相手が複数の場合は、「役職順」に宛名を書きます。

株式会社□□
営業部
部長 高橋一郎 様
課長 山田太郎 様
（Cc:田中主任、中村様、弊社 鈴木）

Ccで送る人がいれば、カッコ書きで書くと誰がCcに入っているかわかりやすく、丁寧です。**順番は「相手の会社の人」「目上の人」が先になります**。

上の事例は、相手の会社の田中主任と中村さん、自分の会社の鈴木さんをCcに入れた場合の書き方です。

敬称は「様」「殿」「さま」「さん」？

もっともオールマイティーな敬称は「様」です。男女問わず、社内外問わず、目上の人にも目下の人にも使えますので、迷ったら「様」を使いましょう。「さま」や「さん」もいいですが、人によっては「馴れ馴れしい」と感じる人もいますので、相手との距離感を考えて使うことをおすすめします。

様 —— **オールマイティーに使える**
殿 —— **自分と同等または目下の相手。あまり一般的ではない**
さま —— **やわらかい印象**
さん —— **より親しみを表現**
先生 —— **医師や弁護士、教育職など専門職の方**

組織宛ては「御中」、全員宛ては「各位」

企業の担当部署など組織宛てであれば「御中」を使います。

チームや部署の全員に送る場合は「各位」です。「各位」も敬称なので、二重敬称となる「各位様」や「各位殿」と書くのは間違いですが、「お客様各位」は例外として使うことができます。

- 御中 ―― 組織宛て。例：○○株式会社人事部　御中
- 各位 ―― 全員宛て。例：プロジェクトチームメンバー各位

なお、組織宛ての場合でも、**特定の担当の人に読んでほしい場合**もありますよね。その場合は、「○○株式会社人事部　採用ご担当者様」などのように「ご担当者様」と書くといいでしょう。

COLUMN

二重敬称に注意

役職者に対するメールで、宛名が「山田課長様」などと書かれているのを見たことはありませんか？ 一般的なビジネスマナーでは、「部長」「課長」などの役職名は敬称のため、「部長様」「課長様」と書くのは二重敬称であり間違いとされています。

役職を書く場合は「課長 山田様」または「山田課長」と書きましょう。

メール本文の型②：冒頭のあいさつ

宛名の後の本文の始まりには、「あいさつ」を書きます。ただし、ビジネスメールでは、「新緑の候」などの時候のあいさつは不要です。相手との関係性や状況に応じて、ふさわしい言葉を選びましょう。

定番のあいさつ

もっとも定番のあいさつは「お世話になっております」でしょう。このあいさつは、相手との関係性に応じて丁寧さを調整できることもあり、使いやすいです。

- お世話になっております
- いつもお世話になっております
- 大変お世話になっております
- いつも大変お世話になっております
- 平素より大変お世話になっております

その人自身と個人的に面識がなくても会社同士の取引がある場合は、「お世話になっております」を使っても間違いではありません。ただし、**気になる場合は次の言葉**を使ってもいいでしょう。

- お世話になります ← これからお世話になるニュアンス
- いつもご愛顧いただきありがとうございます
- 平素は格別のお引き立てを賜り誠にありがとうございます

（上記2つ：「会社」を意識したあいさつ）

【社内宛ての場合】

社内でよく使われるのは、「お疲れ様です」ですね。朝であれば「おはようございます」でもいいかもしれません。

会社によっては、このような社内のあいさつは省略するようなところもありますので、周りの方の使い方を観察する、上司に聞いてみるなど臨機応変に対応しましょう。

初めてメールする場合

これまで取引をしたことがない会社の人にメールする場合は、まだ「お世話になって」いませんので、冒頭のあいさつは、

- 初めてメールを差し上げます
- 突然のご連絡失礼いたします

などとするといいでしょう。

さらにそのすぐ後、自分がどこの誰か「名乗り」をしたうえで、

- ○○様からご紹介いただき、ご連絡差し上げました
- ○月○日の○○交流会で名刺交換をさせていただきました
- 貴社のホームページを拝見し、大変興味を持ちご連絡いたしました

など、メールを送った経緯を説明しましょう。

初めての相手からメールをもらったとき、人は少なからず警戒します。そのため、**少しでも警戒心を解いて読んでもらえるよう「初めてであること」「自分はどこの誰なのか」「メールを送った経緯」を説明するのが大切**です。

毎回「お世話になっております」？

立て続けに同じ人とやりとりするのに、毎回「お世話になっております」と書こうとして違和感を覚えたことはないでしょうか。機械的に何度も「お世話になっております」と書いていると、「形だけ」とか「くどい」という印象をお互いに持ってしまうかもしれませんね。

そのような場合は、

立て続けのメールで失礼いたします
たびたび失礼いたします
早速のご返信ありがとうございます
ご確認ありがとうございます

など、状況に応じて変化を持たせたあいさつにするといいでしょう。

メール本文の型③：名乗り

メール本文で冒頭のあいさつをしたら、すぐに名乗りましょう。自分は「どこの誰なのか」をわかってもらうために、所属と名前を明確に書くことが大切です。

所属＋名前を書く

取引先に電話をする際も、「いつもお世話になっております。株式会社□□の○○です。」というように、あいさつと名乗りは必須ですよね。

メールも同じです。**スムーズに先を読み進めてもらうためにも、冒頭のあいさつに続けてきちんと名乗りましょう。**

会社名と、必要なら部署名、そして名前を書きます。

> ○○株式会社営業部の山田太郎でございます。
> ○○株式会社営業部の山田です。
> ○○株式会社の山田です。

最後に署名があるから不要、ということはありません。メールは上から順に読み進めるものなので、最初に名乗りがあることで、「誰から？」と不審に思うこともなく安心して先を読むことができます。

初めてメールする際や同姓が多い名字の場合などはフルネームで書くと丁寧ですね。

社内宛ての場合

社内メールであれば、部署名と名字を書きましょう。あいさつから続けて書くと、このようになります。

お疲れ様です。
経理課の佐藤です。

あいさつと名乗りの順番は？

「宛名」の後に、「あいさつ」→「名乗り」の順番で説明してきましたが、書くべき順番としては「名乗り」→「あいさつ」の順番でもOKです。

株式会社□□の田中でございます。
いつも大変お世話になっております。

この順番でも、特に違和感はないでしょう。

いずれにせよ、**本文の書き出しとしては、「あいさつ」と「名乗り」をセットで書く**ことが大切です。

COLUMN

毎回名乗らなきゃいけない？

短時間の間に同じ用件について何度もやりとりする場合など、その都度名乗る方がかえってぎこちなくなるようなケースもあります。その場合は、状況や相手との関係性に応じて名乗りを省略してもいいでしょう。

メール本文の型＋α：謝辞（なんらかのありがとう）

「謝辞」は必ず書かなければならない基本要素ではありませんが、マナーというより気持ちの面のプラスアルファの要素として大切です。名乗りの前後に「謝辞（なんらかのありがとう）」が書けるといいでしょう。そうすれば、相手も心地よくその先を読めるのではないでしょうか。

あいさつのプラスアルファ

冒頭のあいさつ自体に、「平素よりご高配を賜り誠にありがとうございます」や「早速のご返信ありがとうございます」などと謝辞を含んでいることもあります。

その場合はそれでいいのですが、定番の「お世話になっております」の場合は、**名乗りの後に、可能であればなんらかの「ありがとう」を追加で書けるといいですね。**

日頃、協力関係にある相手であれば、

いつも大変お世話になっております。
株式会社△△の吉田でございます。

日頃より弊社企画のイベントにご協力いただきまして
誠にありがとうございます。

さて、次回のイベントについて……

このように、「あいさつ→名乗り→ありがとう」を書いてから本題に進めば、スーッと受け入れられる気がしませんか？

お互いに「気持ちよく」やりとりできる

先方から来たメールへの返信であれば、

ご連絡ありがとうございます。

電話で話した後のメールであれば、

先ほどはお電話にてありがとうございました。

資料を送ってもらった後のメールであれば、

プレゼン資料について早々にお送りいただき
ありがとうございます。

このように、無理矢理ではなく自然の流れでなんらかの感謝の言葉が書けるなら、一言書いてみることをおすすめします。そうすることで、**書く方も穏やかにその先を書き進められ、読む方も気持ちよく読み進められる**のではないでしょうか。

一方で、業界や会社のスタンスとして、メールも「効率化重視」「余計なあいさつは不要」という雰囲気の場合もあると思います。メールの相手は様々ですから、相手や周囲に合わせるということも必要でしょう。

メール本文の型④：要旨（目的）

あいさつや名乗りを書いたら、いよいよメールの本題に入ります。本題の始まりは、いきなり細かい話を書くのではなく、何のためにメールを送ったのかを簡潔に説明する「要旨」を書きます。

要旨＝メールを書く目的

ここで書く「要旨」とは、第2章で説明した「何のためにメールを書くのか」という「目的」のことです。

第2章の事例の、この部分ですね。

このたび、新商品○○の完成披露の展示会を開催する運びとなりましたので、日頃のご愛顧に感謝いたしまして、以下のとおりご案内申し上げます。

何についてのメールなのか、案内なのか、報告なのか、相談なのか、お願いなのか、などを簡潔な文章で説明しましょう。

これが先に書かれていることで、相手も、このメールは何のために送られてきたのかがすぐに把握できて、その先を読み進める心構えができます。

「件名」から「要旨」を作れば簡単

先述したとおり、「件名」は「何の用件でメールをしたのか」というメールの目的が明確で、相手が具体的に理解することができるように書くべきものです。つまり、**「件名」と「要旨」の意義はほとんど同じ**です。

ということは、「件名」を利用すれば「要旨」は簡単に作れます。

件名：10/19企画会議の議事録確認のお願い
→10/19の企画会議の議事録を作成しましたので、ご確認をお願いできますでしょうか。

件名：夏季休業のお知らせ
→弊社の夏季休業について下記のとおりお知らせいたします。

件名：【ご相談】新春講演会ポスターの写真について
→新春講演会ポスターに使用する写真についてご相談したく、メールを差し上げました。

要旨をどう書こうか迷ったときは、このように「件名」に少し言葉を足して、シンプルでわかりやすい文章にすることを意識するといいでしょう。

COLUMN

要旨だけで用事が済むケース

「依頼された資料を送付する」など伝えたい内容が単純な場合は、この「要旨」だけで用事が済むこともあります。

ご依頼いただきました商品○○のカタログについて、添付にてお送りいたします。

メール本文の型⑤：詳細内容

「要旨」で何のためのメールかを伝えたら、その目的とゴールを達成するために必要な「詳細内容」を書きます。この部分がメールの中核です。詳しくは第4章以降で解説しますが、大事なのは次の3つの視点です。

必要な情報をわかりやすく書く　→第4章

「詳細内容」では、第2章で説明した**「目的」と「ゴール」を達成するために必要な情報を具体的に漏れなく書きます**。ゴールとは、メールを読んだ相手にどうしてほしいのか・どんな状況になってほしいのかという「目指す結果」です。

そのためには、相手はどの情報を必要とするかを相手の立場に立って考え、それを相手にとってわかりやすい順序で書きましょう。

相手を嫌な気持ちにさせないように書く　→第5章

詳細内容には多くのことを書くことになるため、文章の書き方によっては相手を嫌な気持ちにさせたり、誤解させたりするリスクがあります。

相手とのあつれきを避け、正しく理解してもらうために、**言葉の使い方や表現の仕方**も意識しましょう。

読む気になってもらうように書く　→第6章

メールを開いてもらえても、**本文の「見た目」**で読む気になれない、読んでもらえないメールというのも存在します。読んでもらえなければ意味がありませんので、読む気になれるような見た目を意識して書きましょう。

メール本文の型⑥：結びのあいさつ

要旨と詳細内容で伝えるべき内容が書けたら、冒頭をあいさつで始めたように、最後もあいさつで締めましょう。これがないと、中途半端で失礼な印象を与える可能性があります。

パターン別あいさつ事例

定番のあいさつとしては「よろしくお願いします」がありますが、**メールの相手や内容に応じた言葉を選ぶと気がきいています。**

以下、ビジネスメールでよく使われる「結びのあいさつ」の事例をいくつかご紹介します。

一般的なあいさつ

よろしくお願いいたします。
以上、よろしくお願い申し上げます。
引き続き、よろしくお願いいたします。
今後とも、どうぞよろしくお願い申し上げます。

確認や検討のお願い

ご確認（ご検討）のほどよろしくお願いいたします。
ご確認（ご検討）くださいますようお願いいたします。
以上、何卒ご検討のほどよろしくお願い申し上げます。

返信・連絡を期待

ご返信をお待ちしております。
お手数ですが、ご回答いただけますと幸いです。
ご連絡いただけると助かります。

教えてほしい

- ご教示いただきますようお願い申し上げます。
- お忙しいところ恐縮ですが、ご教示いただけますと幸いです。

返信不要

- 特に問題等がなければ、ご返信にはおよびません。
- ご確認いただけましたら、返信はご無用でございます。

その他

- ご査収のほど、よろしくお願いいたします。
- 以上、ご一考いただけますと幸いです。
- まずは、要件のみにて失礼いたします。
- 今後ともご指導を賜りますようお願い申し上げます。
- まずは、お礼かたがたご挨拶申し上げます。
- 時節柄、ご自愛のほどお祈りいたしております。

冒頭のあいさつと丁寧度を合わせる

冒頭のあいさつとのバランスを考えることも大切です。次のように、丁寧度のレベルを合わせるといいでしょう。

冒頭：いつもお世話になっております。
結び：以上、よろしくお願いいたします。

冒頭：平素は格別のご高配を賜り厚く御礼申し上げます。
結び：今後とも変わらぬご厚誼のほど、よろしくお願い申し上げます。

メール本文の型⑦：署名

メールの最後には必ず「署名」を付けます。署名は名刺のようなものであり、「送信者が何者であるのか」と「どこに連絡すればいいのか」を明示するものです。相手の安心感や利便性のためにも必ず付けるようにしましょう。

必要な情報を漏れなく記載

メールのやりとりをしていると、電話で問い合わせたり、書類などを郵送したりする必要が生じることもあるでしょう。その際に、わざわざ以前交換した名刺を探すような手間を相手にかけさせないためにも、**メールには必要な情報が記載された署名を付けておくのがビジネスマナー**です。

以下のような、名刺と同程度の情報を記載したものが標準的です。

- 会社名
- 所属部署名
- 氏名
- 住所
- 電話番号
- FAX番号
- メールアドレス
- WebサイトなどのURL

［ 署名の例 ］

```
-----------------------------------------------
株式会社□□
営業部企画課　田中 一子（たなか いちこ）
〒xxx-xxxx
東京都文京区〇〇xx-x-x 〇〇ビル3階
TEL：03-xxxx-xxxx　FAX：03-xxxx-xxxx
メール：tanakaichiko@xxxx.co.jp
URL：http://www.xxxxx.co.jp
-----------------------------------------------
```

これらの他、業務用の携帯電話番号や、会社のSNSのURLなどを記載してもいいでしょう。

長すぎ、派手な署名は要注意

自社の製品やサービスのPRなどを入れた署名もよく見かけますが、あまり長すぎるものには良い印象を持たない人が多いようです。

また、署名の周りの部分に「☆」や「♪」などをたくさん使ってキラキラと派手に装飾しているものも、仕事への姿勢を疑問視されてしまうリスクがあります。

長すぎ、派手すぎの署名は、ビジネスの場で使うのは避けた方が無難です。ビジネスメールの署名は、**標準的な情報が漏れなく書かれていて、シンプルなものがベター**といえます。

署名の設定方法（Outlookの場合）

署名は**メールソフトに設定しておけば、メール作成時に自動的に挿入されます**。設定方法は、使っているメールソフトによって違います。ここでは、Outlookのやり方をご紹介します。

①「ファイル」タブ→画面左下の「オプション」をクリック
②画面左の「メール」→「署名」をクリック
③署名編集画面で「新規作成」クリックし、「社外用」「社内用」など署名の管理名を入力して「OK」をクリック
④「署名の編集」欄に署名の内容を入力
⑤「既定の署名の選択」欄の「新しいメッセージ」、「返信/転送」に自動挿入したい署名を選択
⑥最後に「OK」をクリックして完了

Outlookの署名編集画面

よく送るメールはテンプレート化する

メールを書く時間を短縮するために役立つのが、メール本文のテンプレート化です。よく送る用件について、先述した基本の型を押さえたテンプレート（ひな形）を作っておけば、悩まず早く、きちんとしたメールを書くことができます。

年に数回でも送るならテンプレート化

まずは、自分が普段送っているメールからテンプレート化が有効なメールを洗い出してみましょう。

毎週や毎月など定期的に送るもの、非定期だけれど時々送るものなどは、ぜひテンプレート化してみてください。頻度が少なくても、同じ用件でメールすることが年に数回でもある場合は、テンプレート化しておくと次に書く際に悩む時間を大幅に減らすことができます。

過去に送ったメールをコピペ（コピー&ペースト）して送ることがあるなら、それこそ、テンプレート化すべきメールです。

書き換え箇所は●や■などで目立たせる

テンプレートと言っても、一切の書き換えなしで送信できるメールはないはずです。例えば、メールをコピペして使ったときに、日付は変更したけど曜日を変更し損ねてしまった、会社名をそのままにして送ってしまった、などの失敗をしたことはないでしょうか。

そのようなミスを犯さないように、日付、曜日、金額、会社名や名前などの**メールするたびに書き換える部分は、「●月●日(●)」、「■円」のように目立つ記号を使い、書き換え漏れが起こ**

らないようにすることをおすすめします。

テンプレートの例（見積書送付）

【会社名】
●●様

いつもお世話になっております。
株式会社□□の中村でございます。

このたびは、弊社商品●●について
お見積もりのご依頼をいただき誠にありがとうございます。

早速ではございますが、お見積書を作成しましたので
概要資料と併せて添付にてお送りいたします。

［添付ファイル］
1. お見積書（PDF）1部
2. 概要資料（PDF）全●ページ

お見積書の有効期限は●年●月●日までとなっております。

【特記事項】

ご不明点や不備などございましたら、
お手数ですが、ご連絡いただければと存じます。

ご検討のほど、どうぞよろしくお願い申し上げます。

「機械的な対応」と思われないために

会議の開催連絡や、商品発送の連絡、請求書などの書類の送付といった業務連絡のメールであれば、定型的なテンプレートでも特に問題はないでしょう。

ただし、**お礼や謝罪、何かの依頼など、特定の相手に送るメールの場合は注意が必要**です。その人だけに向けたメールであるはずなのに、「いかにもテンプレート」という雰囲気がありありと出ていると、「機械的な対応をされた」などと相手の心証を悪くしてしまうリスクがあります。

そのような場合は、テンプレート自体を丁寧な表現で作成したうえで、**メールする際に「その人だけに向けたメッセージ」や「そのメールだけに該当する特記事項」を付け加える**ようにします。

例えば、セミナー講師をお願いするメールであれば、ベースは講師依頼用のテンプレートを使ったとしても、「先日、○○講演会で○○先生のご講演を拝聴し、大変感銘いたしました」とか「○○の分野で、○○や○○といった実績を多数お持ちの○○様に、ぜひご講演をお願いしたく」といった講演を依頼する理由などを具体的に書くといいでしょう。

その場合も、テンプレート中の書き換えるべき場所に、「【講演依頼理由】」、「【特記事項】」のように示しておくとわかりやすいです。

テンプレートの保存先はどうする?

テンプレートのシンプルな管理方法は、別途テキストファイルでわかりやすい名前を付けて保存し、メールを送る際にコピペして使う方法です。

または、メールソフトのシステム内にテンプレートとして保存し、メールする際にテンプレートを選んで送るというやり方もあります（以下で解説）。

探すのに時間がかかってしまうと効率化にならないので、見つけやすく取り出しやすいように保存することが大切です。

Outlookのクイック操作に登録する

①「ホーム」タブの「クイック操作」内の「新規作成」をクリック
②「名前」欄にわかりやすいテンプレート名を入力
③「アクションの選択」欄に「メッセージの作成」を設定
④「オプションの表示」をクリックし、件名や本文（テキスト）にテンプレート化したい文章を入力
⑤「完了」をクリック
⑥「ホーム」タブの「クイック操作」に表示されるテンプレート名をクリック
⑦テンプレートが適用された状態でメール作成画面が開く

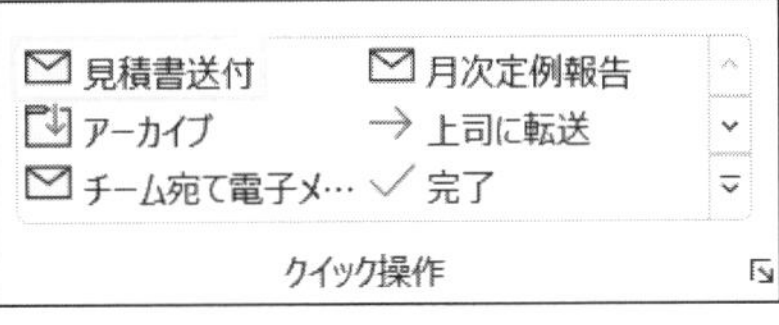

「クイック操作」に登録すれば、ワンクリックでテンプレートを開ける

頻出表現は単語登録でスピードアップ

よく使う単語や文章表現は、単語登録しておくとかなりのスピードアップにつながります。また、いちいち全部を入力する必要がないので、その分タイプミスも減るというメリットもあります。

必ず書く要素は単語登録

メール本文の型として紹介したとおり、メールには、あいさつや名乗りなど必ず書くべき要素がいくつかあります。これらを登録しておけば、かなりの時間短縮をすることができます。

例えば、冒頭のあいさつでよく使う「いつも大変お世話になっております。」の文章を**「いつ」という読みで登録しておけば、17文字の文章を2文字打つだけで書くことができます。**「株式会社○○営業部の鈴木太郎でございます。」といった名乗りや、「以上、ご確認のほどよろしくお願い申し上げます。」などの結びのあいさつも登録しておくといいでしょう。

あいさつや名乗りは、1つだけではなく、よく使うものを数パターン登録しておくと、状況に応じて使い分けられるので便利です。

それ以外の言葉も、気づいたら登録

あいさつや名乗り以外でも、**よく使う単語、固有名詞、フレーズに気づいたらその都度登録**するといいでしょう。

特に会社名や個人名、店名、商品名といった固有名詞は、一括変換ができないことが多いので登録の効果は高いです。よくメールでやりとりをする相手が一文字一文字変換しなければならない名前の場合は、ぜひ登録してみてください。

単語登録の方法

Windowsの場合は、60文字までの単語を登録できます。

①画面右下にある「A」や「あ」と表示される部分を右クリックし、「単語の追加」をクリック

②「単語」欄に変換したい表現を、「よみ」欄に2〜3文字の実際に入力する文字を入力

③「品詞」欄で「人名」や「短縮よみ」など適したものを選んでおくと、高い変換精度を得られる

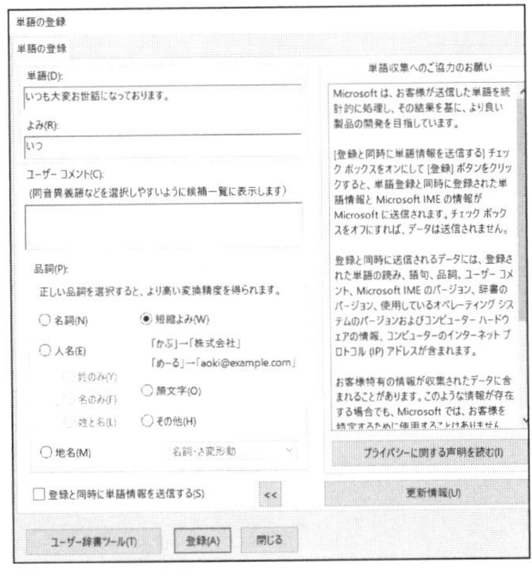

単語登録の画面

COLUMN

最近は「予測変換」も優秀

最近は「予測変換」の機能が充実しており、よく入力しているフレーズは、入力するとすぐに候補として出てきます。そこでTabキーを押すと予測変換候補を選べます。便利に活用しましょう。

COLUMN

そもそもメールって？ チャットとの違い

メールは、仕事の現場で1人1台のPC導入が進んだ2000年前後から普及してきました。それ以降、20年以上にわたりビジネス上のコミュニケーションツールとして中心的な役割を果たしています。

一方で、近年、ChatworkやSlack、Microsoft Teamsといった「ビジネスチャットツール」を導入する会社が増えています。

チャットという言葉には「おしゃべり」という意味があります。メールと同じく文字を使うコミュニケーションの手段ですが、メールのようなあいさつ文や、署名などの形式的な要素が不要で、その名のとおり、気軽なおしゃべりのようなやりとりができます。リアルタイムでスピーディーに意見交換もできるので、特に、社内の同じ部署やプロジェクトチームメンバーなどでのコミュニケーションに適しているでしょう。

それに対してメールは、ビジネス文書の電子版という側面が強いので、正式なやりとりに適しています。チャットと違って、相手が読んだかどうかわからないとか、返事が来るまでに時間がかかるなどのデメリットはありますが、送ったメッセージを後から修正できないのでやりとりを証拠として残すことができる、マナーに沿った丁寧な文章(長文)を送ることができるというメリットがあります。

また、リアルタイムでのやりとりではないので、チャットよりも時間的な切迫感がなく、自分のタイミングで読んだり返信したりすることができます。

丁寧に伝えたいことや意思決定に関わること、正式なやりとりとして残しておきたいことはメールの方が適しています。

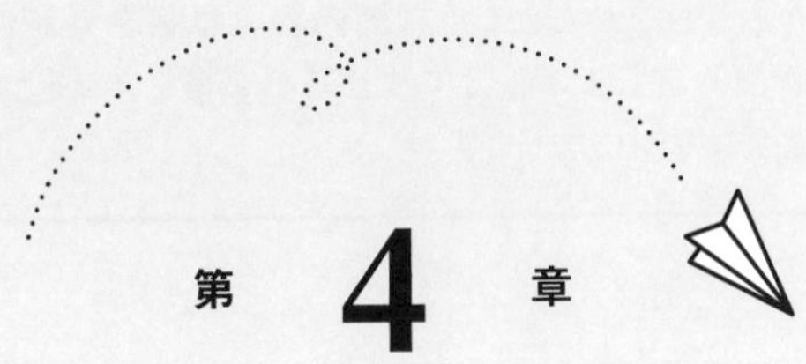

第4章

わかりやすく伝える説明の「型」

「詳細内容」こそ迷いの元凶

冒頭のあいさつ〜要旨までは、ある程度パターン化できるためあまり悩まず書けるかもしれませんが、「詳細内容」は書き方が無限にありどう書けばいいか迷ってしまう部分です。ここを書くコツをつかめば、メールを書くのはかなり楽になります。

自由だからこそ難しい

詳細内容を書くということは、メールの目的・ゴールを達成するためにわかりやすく説明するということです。しかし、書き方が無限にある、つまり、**非常に自由に書ける部分**でもあります。**自由だからこそ、どう書けばいいか悩むことも多い**ですよね。

頭に浮かんだ順にどんどん書いて、とても長くてなんだかわかりにくい文章が出来上がってしまったり、自分なりに丁寧に書いたつもりなのに、相手に誤解されてしまったりすることもあるでしょう。ああでもないこうでもないと何度も書き直して、思った以上に時間がかかることもあるかもしれません。

これらを解決するためには、**説明の基本や型を知って、それらを意識しながら書くことが有効です**。

「基本」の理解と「型」の活用

まずは、「説明の基本」を理解しましょう。そして、使いやすい「説明の型」というものもありますので、適した場面があればそれを活用してみるのもおすすめです。基本を理解したうえで、内容に適した型を意識して書くことで、あまり悩まずに伝わりやすく書けるようになります。

この章では、その**説明の「基本」と、いくつかの「型」、さらに「誤解を防ぐためのポイント」について詳しく説明します。**

この章で説明することは、メールの「詳細内容」に限らず、説明のための文章全般に当てはまることを申し添えます。

説明の基本

- 文章は短く
- 主語・述語の関係をシンプルに正しく
- 結論から書く

説明の型

- 説明の型①：「6W3H」
- 説明の型②：「PREP法」
- 説明の型③：「ホールパート法」

誤解を防ぐためのポイント

- あいまいな表現を「具体的」にする
- 「事実」と「考え」を区別する
- 必要な主語を省略しない
- 専門用語、略語、カタカナ語に注意
- 指示語（こそあど言葉）に注意
- 二通りの意味にとれる書き方をしない

文章は短く

わかりやすい文章にするためのもっとも基本的なことは、一文を短くすることです。長い文章は読みにくく、1回読んだだけで文意を理解するのが難しかったり、誤解を生んだりするリスクもあります。

読点（、）でつなげすぎない

まずは、次の文章を読んでみてください。

本日いただいたご意見を踏まえ、別のデザインもご提案させていただきますが、弊社デザイナーのスケジュールの都合で大変恐縮ですが、今週いっぱいは対応できない状況ですので、新規デザイン案をご提示できるのが早くても来週火曜日になりそうなのですが、そのような日程でお差支えはないでしょうか。

いくつもの読点（、）で文章がつながれ、非常に長い文章になっています。特に「が、」が何回も使われていて、読みにくいですよね。

このように、**長くなる文章には、「〜ですが、」や「〜ましたが、」がよく使われます**。

本来、「が」は逆説で使うものですが、文章をつなげるために安易に使われがちです。

では、読点で文章がつながっているところのいくつかで、句点（。）を使って文章を閉じてみましょう。

本日いただいたご意見を踏まえ、別のデザインもご提案させていただきます。
ただ、弊社デザイナーのスケジュールの都合で大変恐縮ですが、今週いっぱいは対応できない状況です。
そのため、新規デザイン案をご提示できるのが早くても来週火曜日になりそうです。
そのような日程で、お差支えはないでしょうか。

いかがでしょうか。少し短めの4つの文章に分かれました。

直前の文章との関係性を示すために、「ただ」や「そのため」といった接続詞が追加されていますが、こちらの方が読みやすいですよね。

一文は40〜50文字程度が目安

1つの文章を理解するには、その内容を文頭からずっと頭にとどめながら読む必要があります。しかし、一文が長いとなかなか全部を覚えておけません。そのため、長すぎる文章は何度か読み返さないと理解できないことがあります。

ひとつひとつの文章が短ければ、それぞれを消化（理解）しながら読み進めることができるので、わかりやすくて読みやすいのです。

文字数としては、**一文を40〜50文字程度、長くても60文字くらいまでに抑える**といいでしょう。これはあくまで目安で、厳密に数えて必ず60文字以下にしなければならない、ということはありません。**メールの文章なら2行以内くらいを目安**にすれば、この文字数に収まると思います。

ちなみに先ほど示した文章の例では、文章を分ける前は一文で139文字、4つの文章に分けたうち一番長いもので47文字です。

主語・述語の関係をシンプルに正しく

わかりやすい文章にするには、主語と述語の関係をシンプルに正しく書くことが大切です。主語と述語が離れすぎていたり、きちんと対応していなかったりすると、読み手が混乱しやすい文章になってしまいます。

主語と述語は近づける

主語と述語はできるだけ近づけて書きましょう。主語と述語が離れていると、読みにくく相手に伝わりにくい文章になります。

例えば、次の文章を読んでどう感じるでしょうか。

> 山田部長が、来年1月のイベントが中止になる可能性が高く、そうなった場合は代替のオンラインイベントを行うこととなるため、営業部全員が1人1つはイベントの企画を考えて、次回の定例会議に提出するようにとおっしゃっていました。

この文章の主語は「山田部長が」で、述語は文末の「おっしゃっていました。」です。文章自体が長いうえに、主語と述語が離れていてわかりにくいですよね。

文章を読む人は、**主語を見つけたらそれに対応する述語を探しながら読みます**。この文章では、「山田部長が」に対応する述語が来る前に、「来年1月のイベントが」や「営業部全員が」など別の主語が登場するため混乱してしまいます。

では、主語と述語を近づけて、文章も分けてみましょう。

山田部長が次のようにおっしゃっていました。

・来年1月のイベントが中止になる可能性が高い。
・そうなった場合は、代替のオンラインイベントを行うこととなる。
・営業部全員が1人1つはイベントの企画を考えて次回の定例会議に提出するように。

主語と述語を近づけることは、文章を短くすることにもつながります。複雑な文章ほど、このように主語と述語を近づけて書くように意識しましょう。

主語と述語がねじれていない？

「主語と述語がねじれている」、「文章がねじれている」という言葉を聞いたことはありますか？ この「ねじれ」とは、**主語と述語が正しく対応していない状態**のことです。

例えば、次のような文章です。

私の目標は、業務マニュアルを今月中に完成させたいです。

「私の目標は」という主語に対して、述語である「完成させたいです」が正しく対応していません。

これを修正してみましょう。

私の目標は、業務マニュアルを今月中に**完成させることです。**

私は、業務マニュアルを今月中に完成させることを**目標とし**

ています。

とすれば、ねじれのない正しい文章となります。

次のようなねじれ方も、よく見られるものです。

×

総務係の主な担当業務は、備品管理、文書管理、取締役会などの会議運営、社内行事の企画・運営で、他部署が担当しない雑務なども担当しています。

これは、気づきにくい「ねじれ」かもしれません。主語である「総務係の主な担当業務は」に対して、後半の述語「担当しています」が正しく対応していません。

これも修正してみましょう。

○

総務係は、備品管理、文書管理、取締役会などの会議運営、社内行事の企画・運営、他部署が担当しない雑務などを**担当しています。**

総務係の主な担当業務は、備品管理、文書管理、取締役会などの会議運営、社内行事の企画・運営**です**。また、**総務係は**、他部署が担当しない雑務なども**担当しています。**

「主語と述語のねじれ」は、調子よく文章が書けているときほど起こりがちです。文章が書けたら必ず読み返して、違和感がないか、主語と述語が正しく対応しているかを確認することが大切です。

結論から書く

仕事上のメールにおいては、まずは、結論から書くように意識しましょう。そうすれば、そのメールで伝えたいポイントが明確になり、相手にもわかりやすい文章になります。

相手の一番知りたいことを意識

まずは、次の文章を読んでみてください。

ご案内いただいたイベントは、私も以前から大変興味があり機会があれば参加したいと思っておりました。ただ、ちょうどその翌日に大阪での講演があるため、イベント当日は準備や移動などで余裕がない状況です。そのため、誠に残念ですが、今回は参加することができません。

経緯や理由も必要な情報かもしれませんが、相手にとってもっとも重要な情報は、やはり結論である「参加できない」ということではないでしょうか。

「相手が一番知りたい情報（＝結論）は何か」を意識して、その情報から書くようにしましょう。

ご案内いただいたイベントについては、誠に残念ですが、今回は参加することができません。実は、ちょうどその翌日に大阪での講演があるため、イベント当日は準備や移動などで余裕がない状況です。以前から興味があったイベントですので、またの機会があれば参加したいと思います。

説明の型①：6W3H
▶伝える要素を洗い出す

相手に伝える要素を洗い出すには、情報整理のフレームワークである「6W3H」が有効です。メールの「ゴール」を達成するためにはどの要素が必要かを、このフレームワークを使って漏れなく洗い出します。

「6W3H」とは？

必要な情報を整理するフレームワークとして、有名なものに「5W1H」があります。「6W3H」は「5W1H」に3要素を加えたもので、**情報の抜け漏れを防ぐために役立つ重要なツール**です。

具体的には、次のとおりです。

- Who（誰が）
- Whom（誰に、誰を、誰のために、誰と）
- What（何が、何を、何に）
- When（いつ、いつから、いつまでに）
- Where（どこで、どこに、どこが、どこを）
- Why（なぜ、何のために）
- How（どのように、どんなやり方で）
- How much（いくらで）
- How many（いくつ、どのくらい）

ちなみに、「5W1H」は上記から「Whom」「How much」「How many」を除いたものです。

ゴールを達成するための「必要な要素」

第2章で「ゴール」を明確にして表現しましょうということを

書きました。そして、その際の「必要な要素（本文要素）」について、パターン別に紹介しました。この「必要な要素」を洗い出すときに「6W3H」の視点から考えると漏れを防げます。

セミナー案内のメールを例に考えてみましょう。「ゴール」を、「対象者にセミナーに参加しようと思ってもらい、申し込みをしてもらう」とするなら、そのために必要な要素は何か。

Who …… 講師：○○○○（□□法律事務所　弁護士）
Whom …… 受講対象者：企業の管理職や人事労務担当者
What …… セミナーの内容：ハラスメント防止について
When …… 開催日時：○年○月○日（○）15:00～16:30
Where …… 会場：○○商工会議所 2階 ○○ホール
Why …… 目的：ハラスメントの定義や事例、防ぐためのポイントなどを学びハラスメントを生まない職場づくりにつなげるため
How …… 申込方法：専用サイトの申込フォームに入力（申込期限：○月○日）
How much …… 参加費：無料
How many …… 定員：先着50名

これで、必要な情報は書き出せたのではないでしょうか。

書き出した後は、内容や情報量に応じて、文章や箇条書きでわかりやすく表現しましょう。また、要素の順番も、読み手側の興味の高そうな順にするなど状況に応じたものにします。

ちなみに、**必要な情報は「ゴール」によって変わるので、「6W3H」すべてが書き出せなくても大丈夫**です。最後に読み返して、ゴールが達成できるか確認してみるといいでしょう。

説明の型②：PREP法
▶相手の納得感を高める

結論から書くように意識することが大切だということをすでに述べました。特に、相手に主張したいこと、納得してほしいことがある場合は、結論から伝える「PREP（プレップ）法」という型が有効です。

「PREP法」とは？

「PREP法」とは、結論から伝える代表的な説明の「型」で、以下の頭文字を取ったものです。

Point（結論）　…　「結論は〜です。」
Reason（理由）　…　「なぜならば（理由は）〜だからです。」
Example（具体例）　…　「具体的には（例えば）〜です。」
Point（まとめの結論）　…　「よって（以上の理由により）、〜です。」

まず、**そのメールで一番伝えたい結論（Point）を書き、次にその理由（Reason）、そしてその具体例（Example）、最後に改めて確認やまとめのための結論（Point）を書く**、という流れになります。

PREP法はメールの他、職場でのホウレンソウ（報告・連絡・相談）やプレゼン、接客など口頭で説明する場面でもよく使われる手法です。

PREP法を使った事例

PREP法を使った説明はどのようにわかりやすいのか。それを実感してもらうために、PREP法で説明した2つの事例を挙げます。

イベント会場の変更提案の場合

展示会の会場選定についてご提案があります。 ― 要旨

次回からは、ホテルAではなくホテルBに変更した方が良いと考えています。 ― Point

理由は、ホテルAが来月からホール使用料を大幅に値上げするためです。 ― Reason

具体的には、ホテルAの使用料が○○円になるところ、隣接するホテルBでは、同程度の会場が○○円で使用できます。 ― Example

以上の理由から、次回からはホテルBを利用する方が良いと考えますが、いかがでしょうか。 ― Point

ある人に社内勉強会の講師をお願いする場合

社内勉強会のことで高橋さんにお願いがありメールしました。 ― 要旨

来月の勉強会（テーマ：クレーム対応）で、クレーム対応のコツについて講義していただけないでしょうか。 ― Point

なぜなら、高橋さんのクレーム対応が非常に素晴らしいからです。 ― Reason

例えば先日も、営業部の山下さんが困っていたクレームの電話を高橋さんが変わって受けられて、難なく対応されたと伺いました。Example

是非、勉強会で高橋さんのクレーム対応の仕方を学ばせてください！Point

この例のように、最後に書く結論は、最初の結論と書き方が異なっていても、主張の内容が共通していれば問題ありません。

理由と具体例のセットで納得

「説明の基本」として、結論（P）から書くことが大事だということはすでに述べましたが、**PREP法の優れているところは「結論の次」をどう書くかが明快なところ**です。

人は、「こうしてください」「こうしたいです」と主張されたら、「なんで？」と思う生き物です。だから、結論の次には、その「なんで？」に応える理由（R）を書きます。

ここで書く理由はある程度抽象的な書き方にします。まず理由を大きくとらえて、相手の理解をうながすためです。

抽象的な理由だけでは、相手も「そうなの？」程度の納得感しか持てないかもしれませんので、次に具体例（E）を書きます。

この順番で書くことで、**相手も事情が呑み込めたり具体的なイメージが湧いたりして「なるほど！」と納得することができる**のです。

このような理由と具体例のセットで相手に納得してもらったうえで、最後に改めて結論（P）に言及して、いちばん伝えたいことを再確認してもらいます。

理由と具体例をまとめて書くケース

なお、型としては「理由」→「具体例」ですが、この両方をあまり長くならずに一度に書けるならそれでもいいでしょう。

例えば、次の文章です。

ご案内いただいたイベントについては、誠に残念ですが、今回は参加することができません。 ── 結論

実は、ちょうどその翌日に大阪での講演があるため、イベント当日は準備や移動などで余裕がない状況です。 ── 具体例と理由

「イベント当日は余裕がない」というのが参加できない理由で、「翌日の大阪講演のための準備や移動」というのが「余裕がない」ことについての具体例となっています。

相手が共感できる具体例を選ぶ

相手の納得感を高めるためには、具体例選びが大切です。具体例は、**相手が理解することができて、説得力のあるものや共感してもらえそうなものを選びましょう**。

また、固有名詞や数字を使ったり、その場面が画像や映像として思い浮かべられるように表現したりできれば、相手の「腹落ち度」が高まります。

「PREP法」の練習問題

PREP法は、わかりやすい説明の型の代表的なものであり、習得しておくとメールに限らず様々な場面で活用できます。ここでは練習問題を示しますので、ぜひPREP法にチャレンジしてみてください。

練習問題①「歓迎会のお店の提案」

あなたが、上司から職場の歓迎会のお店選びを任されたとします。いろんなお店を調べて、良さそうなお店を1つ見つけました。

そのお店を、PREP法を使って上司に提案してみましょう。どんな情報があれば上司が納得するかを考えて、それぞれの空欄に言葉を入れてみてください。

- Point … 歓迎会のお店は、「　　　　　　　　　　」
- Reason … 理由は、「　　　　　　　　　　」
- Example … 具体的には、「　　　　　　　　　　」
- Point … 以上の理由から、「　　　　　　　　　　」

説明の組み立て方

まずは、Point（結論）で、提案しようと思ったお店を伝えます。ここは、「○○（店名）が良いと思います。」など、シンプルでいいでしょう。

次に、Reason（理由）です。お店を決める基準は、料理の種類や評判、立地、お店の雰囲気、個室のタイプ、金額などいろいろありますが、**その職場の上司やメンバーが重視する情報を選ぶ**といいでしょう。その選んだ情報を端的に示します。

それからExample（具体例）です。Reasonで示した情報について相手が納得感を得られるように、どう評判がいいかを描写したり、数字を使ったりして具体的に述べます。

最後にもう一度Point（結論）で、それまでに述べた理由を踏まえ、そのお店がいいんです、と念押しすれば完成です。1つ、解答例を示します。

【解答例】

歓迎会のお店は、○○赤坂店が良いと思います。 ← Point

理由は、口コミが非常に良くて、コース料理の金額もお手頃だからです。 ← Reason

Example

具体的には、まず、3.5以上ならハズレなしと言われている食べログの評価が3.7と高評価です。料理がどれも美味しく、雰囲気もおしゃれで店員さんの対応もすごく良いといった口コミが多いです。
また、歓送迎会用の創作料理のコースが、クーポン利用で2時間飲み放題付き4,000円なんです！

以上の理由から、歓迎会のお店は○○赤坂店が良いと思うのですが、いかがでしょうか。 ← Point

練習問題②「誘いを断る」

別部署の先輩から、その日の業務終了後に有志で開催する勉強会に参加しないかと誘いのメールがきたとします。あなたは、仕事が立て込んでいて参加できそうにありません。

先輩への断わりのメールを書いてみましょう。

Point …（クッション言葉）、「　」
Reason …「　」
Example …「　」
Point …「　」

説明の組み立て方

まずは、Point（結論）で、参加できないことを伝えます。**回答がネガティブな内容なので、クッション言葉を使いましょう**。

次に、Reason（理由）です。仕事が立て込んでいることを率直に伝えます。

それからExample（具体例）で、仕事が立て込んでいる様子を具体的に説明します。

最後のPoint（結論）では、再度参加できませんとストレートに書くよりは、申し訳ない気持ちを示したり「次の機会に……」といった表現をしたりする方が相手も受け止めやすいかもしれません。

解答例

大変残念ですが、今日の勉強会への参加は難しいです。 Point

仕事が立て込んでおりまして、時間的に余裕がありません。 Reason

今日の午後は打合せで詰まっているうえに、明日の会議用資料がまだできておらず、かなり残業することになりそうな状況です。 Example

せっかくお誘いいただいたのに申し訳ありません。
また次の機会に参加させていただければと思います。 Point

COLUMN

「なぜならば」などの言葉は省略可

Reasonの「なぜならば」や「理由は」といった言葉や、Exampleの「具体的には」や「例えば」といった言葉は、文章を考えるときの「とっかかり」に便利です。また、読み手にとっても、「この後に理由がくるんだな」とか「具体例を示してくれるんだな」という「合図」になり、わかりやすいです。

しかし、場合によっては、少し文章がぎこちなくなったり、形式ばって感じられたりすることもあるかもしれません。そのため、上記の解答例のように、最終的なメール本文には必ずしも使わなくて大丈夫です。使わなくても理由や具体例を表していることが明らかな場合や、文章の流れ的に使わない方が自然な場合も多いです。

説明の型③：ホールパート法
▶複数のことを伝える

1つのことを主張するのではなく、いくつか伝えたいことがある場合は、ホールパート法がおすすめです。伝えたいことが複数あると文章は煩雑になりがちですが、シンプルにわかりやすく説明できます。

「ホールパート法」とは？

ホールパート法は、伝えたいことが複数ある場合に、話の全体像を最初に伝えてから説明していく手法です。流れとしては次のとおりです。

- ホール（Whole：全体） … 話の全体像
- パート（Part：部分） … 詳細の説明
- ホール（Whole：全体） … まとめ

最初に話のポイントがいくつあるのかという全体像（ホール）を伝え、次にそれぞれについての詳細（パート）を説明して、最後にまた話の全体像（ホール）でまとめます。

ホールパート法も、PREP法と同様にプレゼンや上司への報連相などの場面でよく使われる説明の型です。

ホールパート法を使った事例

［研修での学びをチームに共有する場合］

本日受講した「説明力向上研修」のポイントについて情報共有いたします。←要旨

研修では、次の3つの「説明の型」が重要であることを学びました。 ホール

（1）6W3H パート
情報の洗い出しや抜け漏れを防ぐために役立つツール
6W＝Who、Whom、What、When、Where、Why
3H＝How、How much、How many

（2）PREP法
結論から伝える代表的な型
Point（結論）→Reason（理由）→Example（具体例）→Point（まとめの結論）

（3）ホールパート法
伝えたいことが複数あるときの説明の仕方
ホール（話の全体像）→パート（それぞれの詳細）→ホール（全体のまとめ）

以上の3つが、重要な「説明の型」ということでした。 ホール
詳細については、参考資料を添付しますのでご確認ください。

プロジェクトの進捗報告する場合

○○プロジェクトの進捗について、2点ご報告いたします。 ホール

1. プロジェクトチームメンバーについて パート
未定だった広報担当が中村さんに決まりました。
改めて名簿に整理しましたので添付いたします。

2. 第1回ミーティングについて

早速、本日第1回目のミーティングを開催しました。
議事録を添付しておりますので、ご確認をお願いします。

以上、2点ご報告いたしますが、 ホール
ご意見等ございましたらお知らせください。

ホールパート法の場合、このように、**最初の「ホール」の部分がメールの「要旨」を兼ねることもあります。**

その場合は、最後の「ホール」が結びのあいさつになるように意識して書いてもいいでしょう。

数字で示すからわかりやすい

ホールパート法では、最初の「ホール」で、「○○について、お伝えしたいことが2点あります。」などと、**伝えたいことが何点あるかを数字で示すのがポイント**です。そうすることで、相手は話の全体像をすぐにつかむことができます。

次の「パート」のところでも、「1点目は、……。2点目は、……。」など数字を使って順番に説明することで非常にわかりやすくなります。この部分は、事例で示したようにナンバリングして箇条書きにすると、より見やすいです。ホールパート法は、見やすくするためにも有効な型なのです。

「ホールパート法」の練習問題

PREP法と同様に、ホールパート法も様々な場面で活用できる説明の型です。練習問題を2つ挙げますので、「自分ならどう書くか」を考えて、練習してみましょう。

練習問題①「会議内容の情報共有」

あなたが出席した会議で決定した「商品Aの販促イベント」に関する事項について、チームメンバーに共有するメールを書いてみましょう。

決定した内容は、販促イベントの日程（任意）、会場（○○モールイベント広場）、企画内容（実演販売、関連商品即売会、抽選会など）です。

ホール　…　本日の○○会議で、「　　　　　　　　　　」
パート　…　1.「　　　　　　　　　　」
　　　　…　2.「　　　　　　　　　　」
　　　　…　3.「　　　　　　　　　　」
ホール　…　以上の「　　　　　　　　　　」

説明の組み立て方

最初のホールで、3つの事項が決定したことを共有する旨を述べます。このホールは「要旨」を兼ねる形でいいでしょう。

パートでは、それぞれの内容について1つずつ簡潔に書き、最後のホールで簡単にまとめて、今後のことに少し言及すると自然かもしれません。

【解答例】

本日の○○会議で、商品Aの販促イベントについて以下の3点が決定しましたので、取り急ぎ情報共有します。——ホール

1. 日程：○月○日（土）および○月○日（日）——パート
   両日 10:00〜17:00
2. 会場：○○モールイベント広場
3. 企画内容：実演販売、関連商品即売会、抽選会など

以上の3点が決定しましたが、その他の詳細については決まり次第改めて共有します。——ホール

練習問題②「商談に関する相談」

取引先である株式会社□□の森田さんと製品Bについての商談をしたところ、先方から値引きなどの要望を受けたとします。それについて上司に相談するメールを書いてみましょう（この練習問題では、自分の考えは示さず上司の指示を仰ぐ形とします)。

先方からの要望事項は、製品Bの5%の値引きと、納期を1週間早めて○月○日としてほしいということです。

- ホール … 本日、株式会社□□の森田様と商談しましたところ、「　　　　」
- パート … 1.「　　　　」
- … 2.「　　　　」
- ホール … 以上の「　　　　」

説明の組み立て方

まずはホールで、先方から2点の要望があった旨を述べます。そして、パートでそれぞれの内容について簡潔に書いたら、最後のホールで、その2点についてどう回答すべきか相談するといいでしょう。

解答例

本日、株式会社□□の森田様と商談しましたところ、以下の2点についてご要望をいただきました。 ← ホール

1. 予算的に厳しいため製品Bを5%値引きしてほしい ← パート
2. 納期を1週間早めて○月○日としてほしい

以上の2点のご要望について、どのように回答すべきかご指示いただけますでしょうか。 ← ホール

COLUMN

メールとの相性が抜群

ホールパート法は、口頭説明の場面でも使い勝手がいいのですが、見やすくわかりやすく整理されるという点で、メールとの相性が非常にいい型です。

伝えるべきポイントが複数ある場合は、ぜひ、ホールパート法を積極的に使ってみましょう。

あいまいな表現を「具体的」にする

相手に誤解なく伝えるためには、あいまいな表現ではなく、具体的に書くことが重要です。日本語はあいまいな言い回しがとても多い言葉ですが、これが誤解やトラブルを生むリスクになります。

日付、数字、固有名詞を使う

次のようなメールをもらったら、あなたはいつ資料を送付しようと思うでしょうか。

来週水曜の会議の資料は、なるべく早くお送りください。

メールをもらったのが月曜日だった場合、会議まではあと1週間と2日あります。その場合の「なるべく早く」とはいつなのか。

ちょうど一週間前の水曜日と思う人もいれば、週明けの月曜日までに送ればいいと思う人もいるかもしれません。「なるべく早く」の感覚は人それぞれ違うのです。

このようなときは、**期限を明確に日時で示します**。

来週水曜の会議の資料は、11/18（金）17:00までにお送りください。

ポイントは、**日付や数字、固有名詞を使って「具体的」にすること**です。次のように、誤解なく伝わる表現を意識しましょう。

△ 少し早めに来てください →
○ 開始時間の30分前までに来てください

△ 来月中旬までに →
○ 12/15（木）までに

△ 少し多めに用意しておいて →
○ 人数分＋予備として3部用意しておいて

△ 近くのファストフード店で →
○ 2丁目交差点のマクドナルドで

COLUMN

配慮や遠慮が相手をモヤモヤさせる？

相手への配慮や遠慮のために、あいまいな表現を使ってしまうこともあります。「お手すきのときに」や「お時間あるときに」といったフレーズは、その代表でしょう。

「お手すきのときに」は、相手に「返事を急がなくていいですよ」と伝えるフレーズですが、相手によっては「いつまで？」とモヤモヤしてしまうかもしれません。また、期限がないことで相手にとっての優先順位が下がり、対応を忘れられる可能性もあります。

配慮や遠慮のためとしても、あいまいな表現にして相手をモヤモヤさせたり、無用なトラブルにつながってしまっては本末転倒です。「恐れ入りますが」とクッション言葉を使うなど、配慮や遠慮は別の手段で表現したうえで、無理のない期限を示すといいでしょう。

「事実」と「考え」を区別する

誤解を防ぐには、誰も否定しようがない「事実」と、書き手の主観や推測が含まれる「考え」を一文の中に混同させないことも重要なポイントです。「事実」と「考え」は明確に区別して書きましょう。

「事実」と「考え」をごっちゃにしない

×

先方はもっとポップなデザインにしてほしいと言っていたので、もっとカラフルにしてフォントを「JK丸ゴシック」にしたら良いと思います。優しい感じも出してほしいとのことでしたので、色はパステル系が良いかもしれません。

○

先方のご要望は次のとおりです。

・もっとポップなデザインにしてほしい
・色はもう少しカラフルに
・フォントは「JK丸ゴシック」など（似たイメージならOK）
・優しい感じも出してほしい ← ここまでが事実

ご要望が「カラフル」で「優しい感じも」ということなので、色はパステル系が良いのではないかと思います。 ← 考え

「事実」か「考え（意見・推測）」かを明確にするためには、まずは、文章を分けましょう。そして、**「事実」なら文末を「です」**と言い切り、**「考え」なら「思います」「考えます」**など考えだとわかるように書き、その根拠も明確にしましょう。

必要な主語を省略しない

日本語は、主語を省略することが多い言語ですが、省略することで誤解につながることがあります。相手が誤解するリスクがある場合は、主語を省略せずに明確に書きましょう。

相手が確実に理解できるかどうか

日本語では、「私」が主語の場合は、省略することが多いですよね。例えば次の文章なら、主語が「書き手」=「私」というのは相手にもわかるはずです。

展示会の日程が決まりましたら、改めてご連絡いたします。

では、次の文章はどうでしょうか。

展示会当日は、貴社までお迎えに伺います。

深く考えなければ、メールの書き手が迎えに来ると思うでしょう。しかし、毎年展示会の日には別の担当者が迎えに来ていた場合はどうでしょうか。今年はメールの書き手が迎えに来るのか、例年どおり担当者が来るのか疑問に思うかもしれませんね。**「相手が確実に正しく理解できる場合」以外は、次のように主語は省略せずに書く**ようにしましょう。

展示会当日は、今年は**私が**貴社までお迎えに伺います。

展示会当日は、例年どおり**担当の山田が**お迎えに伺います。

専門用語、略語、カタカナ語に注意

社内で当たり前に使っている専門用語や業界用語、略語、カタカナのビジネス用語などをメールで使う場合は注意が必要です。その言葉の意味を相手が正しく理解できるかどうかをよく考えて使うようにしましょう。

相手はその言葉を知っているか

社内で皆が常識的に使っている専門用語や略語を、社内の人宛てのメールで使う分には問題ありません。

また、外部の人であっても、これまでのやりとりから相手がその専門用語などを確実に知っていると判断できる場合は、使っても差支えはないでしょう。

しかし、相手がその言葉を知っているかどうか不明な場合は、**誰もが理解できる別の言葉に置き換えるか、意味を補足的に書くなどの配慮が必要**です。

アルファベットの略語は特に注意

アルファベットを使った略語には、PTAやBGMなどの一般的に使われているものから、GDP（国内総生産）といった経済用語の他、業界独自のものまで数限りなくあります。

また、FB（フィードバック／フェイスブック）やCB（コールバック／転換社債／コミュニティビジネス）などの複数の意味にとらえられる略語もあります。

このような略語は使わない方が無難ですし、使う場合でもカッコ書きで意味を補足するなどの配慮が必要になります。

カタカナ語は不快に思われる可能性も

次の文章を読んでどのように感じるでしょうか。

- 我が社のコアコンピタンスを前面に打ち出していく必要があります。
- ステークホルダーのコンセンサスを得ています。
- ショートノーティスで申し訳ありません。
- 来週の会議のアジェンダをお送りします。
- AとBではどちらのプライオリティが高いでしょうか。
- これはジャストアイディアですが、……

それぞれのカタカナ語の意味は、次のとおりです。

コアコンピタンス	→	中核となる強み
ステークホルダー	→	利害関係者
コンセンサス	→	合意
ショートノーティス	→	締切までの期間が短い
アジェンダ	→	議題
プライオリティ	→	優先順位
ジャストアイディア	→	思いつき

このようなビジネス用語の認知度は、**意味がわかる、ニュアンスだけわかる、まったくわからないなど、言葉や相手によって様々です**。また、意味はわかっても、「かっこつけているように感じる」「日本語の方がわかりやすいのに……」などと不快に思う人もいます。

すでにカタカナ語として日本語に定着していると考えられるもの以外は、わかりやすい日本語を使うことをおすすめします。

指示語（こそあど言葉）に注意

これ、それ、あれ、どれ、などの「指示語（こそあど言葉）」は、使い方によっては何を指しているのかがわかりにくく、誤解されることがあるので注意が必要です。

指している対象がすぐにわかるか

次の文章を読んでみてください。

イベントの予算が30%増額となりました。
また、実施報告書の提出期限が1ヶ月延長されるそうです。
これは、例年では考えられないことです。

最後の文章の「これ」が何を指しているかわかるでしょうか。
この場合、次の3通りの解釈ができるでしょう。

①予算の増額
②提出期限の延長
③その両方

このうちのどれを指しているのかが、この文章ではわかりません。
①の意味なら、「これは」を「増額」のすぐ近くに置きます。

イベントの予算が30%増額となりました。
これは、例年では考えられない措置です。
また、実施報告書の提出期限が1ヶ月延長されるそうです。

②の意味なら、「これ」を言い換えます。

提出期限の延長は、例年では考えられない措置です。

③の意味なら、次のようにするといいでしょう。

これらは、例年では考えられない措置です。

次のような文章も同様です。

田中さんから「月別在庫管理表」の改善に関する提案書が提出されましたが、私はそもそも**それ**が必要かどうか疑問に思っています。

「それ」が、「月別在庫管理表」、「改善」、「提案書」のどれを指しているのかがわかりません。

読み手に誤解なく理解してもらうには「それ」を使わず、例えば「そもそも月別在庫管理表が必要かどうか」などと、指しているそのものを明確に書くべきでしょう。

指示語を使う場合は、**指している対象がすぐにわかるかどうか、誤解される可能性はないかをよく考える**ようにしましょう。

二通りの意味にとれる書き方をしない

文章が二通りの意味に解釈できたり、言葉そのものに二通りの意味があったりすると、相手は混乱してしまいます。複数の意味に取れる書き方になっていないか、意識することが大切です。

二通りの意味に解釈できる文章

製品Aは製品Bのように売れていません。

製品Aが売れていないのは明らかですが、これでは製品Bが売れているかどうかわかりませんよね。修正してみます。

製品Aは、製品Bのようには売れていません。
(＝製品Bは売れている)
製品Aは、製品Bと同じく売れていません。
(＝製品Bも売れていない)

「〜のように」と「否定形」を一緒に使う文章は、このように2つの意味にとられやすいので注意が必要です。

二通りの意味がある言葉

1つの言葉が二通りの意味を持つ場合もあります。例えば、「結構です」という言葉には、肯定の意味も否定の意味もあるので、単体で使うのは誤解の元です。そもそも、「結構です」という言葉は少し冷たい印象を与える可能性もあるので、あまり使わない方がいいかもしれません。

第 5 章

相手を嫌な気持ちにさせない表現のし「型」

クッション言葉の活用

相手に何かをお願いしたり、相手の意に沿わないことを伝えたりする際には、印象を柔らかくするためのクッション言葉を使いましょう。クッション言葉は、相手への配慮を示す言葉なので、自分の印象を良くしたり相手の機嫌を損ねるのを防いだりする効果があります。

クッション言葉の有無でこう違う

次の文章にはクッション言葉が使われていません。

当社ではそのようなものは受け取れない決まりとなっております。

淡々としていて、どこか冷たい印象ですよね。
では、この文章の前にクッション言葉を入れてみましょう。

お気持ちは大変ありがたいのですが、当社ではそのようなものは受け取れない決まりとなっております。

このような言葉が入っていると、冷たい印象がやわらげられ、「気持ちは汲んでくれている」と感じることができるのではないでしょうか。

クッション言葉は、対面や電話での話し言葉でもよく使われますが、**活字のみのコミュニケーションであるメールでこそ、より力を発揮します**。

メールのような文字だけのやりとりでは、表情や声のトーンといった「非言語」による感情表現ができません。そのため、普通に書いても読み手には「そっけない」とか、「冷たい」などと感じられることがあります。メールの内容がネガティブな場合は、より一層マイナスな印象が増幅されて伝わりやすいです。

プライベートのメールであれば絵文字や顔文字を使って補うことができますが、ビジネスメールでは基本的には絵文字など使えません。

だからこそ、**クッション言葉を使って、相手への気遣いを表現することが重要**なのです。

状況別クッション言葉事例

ここでは､様々なクッション言葉の事例を状況別に紹介します。

相手やシーンに応じて、クッション言葉を上手に使いわけましょう。

あらゆる場面で

恐縮ですが／恐れ入りますが

申し訳ありませんが／申し訳ございませんが

上記のクッション言葉は、「**恐れ入りますが**、会社名をお伺いしてもよろしいでしょうか」のように単体でも使えますし、「**お忙しいところ恐縮ですが**」「**お手数をおかけして申し訳ございませんが**」など他の言葉と組み合わせて様々な場面で使える万能なクッション言葉です。

お願いするとき

お手数ですが

ご多忙中とは存じますが

- お忙しいところ大変恐縮ですが
- ご面倒をおかけして恐縮ですが
- お手数をおかけして誠に申し訳ございませんが
- ぶしつけなお願いとは承知しておりますが
- 誠に勝手なお願いですが
- こちらの都合で恐れ入りますが
- ご足労をおかけして恐縮ですが
- たびたび（重ね重ね）申し訳ございませんが
- もしご面倒でなければ
- もし可能であれば

質問するとき

- 失礼ですが／失礼ながら
- ぶしつけな質問ですが
- 少々お尋ねしたいのですが
- 差し支えなければ
- もしよろしければ
- つかぬことをお伺いいたしますが

断るとき

- あいにくですが
- ご期待（ご希望）に添えず心苦しいのですが
- 残念ではございますが
- せっかくではございますが
- お気持ちはありがたい（嬉しい）のですが
- 私どもの力不足で誠に申し訳ございませんが
- 大変申し上げにくいことですが
- ○○したいのはやまやまですが

- お役に立てず申し訳ございませんが
- 身に余るお話ですが

意見や異論をとなえるとき

- 確かにおっしゃるとおりですが
- おっしゃることは重々理解しておりますが
- 誠に申し上げにくいのですが
- 余計なこととは存じますが
- 失礼とは存じますが
- 僭越ではございますが
- 出過ぎたことかもしれませんが
- お言葉を返すようで恐縮ですが
- 差し出がましいようですが
- 私の思い違いでしたら申し訳ございませんが

COLUMN

クッション言葉をストックしておく

クッション言葉は、テキストファイルなどで一覧化してストックしておくと便利です。

クッション言葉以外でも、お礼や謝罪、断わりのフレーズなど、自分がもらったメールでいいなと思った表現や、本やインターネットで調べて見つけた表現などをテーマ別に保存しておくと、改めて調べなおす時間の節約になるのでおすすめです。

「催促」では相手を追い詰めない

約束した期限までに書類が届かないなど、相手から期待どおりのアクションがない場合に送る「催促」のメールでは注意が必要です。相手を追い詰めないように、逃げ道のあるような表現を意識しましょう。

ストレートに書くと……

先述したように、文字だけで表現するメールは**ただでさえ冷たい印象を与えやすいのに、「期限までに書類が届かない」といったネガティブな内容を伝える場合はなおさら**です。

まずはストレートに書いたものを読んでみてください。

昨日までに企画書を送付いただくようお願いしておりましたが、まだ届いておりません。
至急お送りください。

昨日までに送付いただくようお願いしていた企画書はまだでしょうか？
すぐにお送りいただくようお願いします。

いかがでしょうか。どこか責められているように感じますよね。「届いておりません。至急お送りください。」といった断定表現や、「まだでしょうか？」といった問いかけで、相手は追い詰められているように感じる可能性があります。

逃げ道を示す表現

相手が、いつも期限を守らないとか、何度か催促してるのに送ってくれないといった場合を除いては、**逃げ道を示すような表現を意識する**といいでしょう。

例えば、次のような書き方はいかがでしょうか。

すでにご対応いただいておりましたら申し訳ございませんが、昨日までにお送りいただく予定の企画書がまだ届いていないい**ようでございます。**

お忙しいところ誠に恐縮ですが、ご確認のほどよろしくお願いいたします。

冒頭は「行き違いとなっておりましたら」「私の認識が間違っておりましたら」としてもいいですね。

このように、「行き違いかもしれない、自分の勘違いかもしれない」というニュアンスのクッション言葉を使うことで、逃げ道を示しつつ相手を責めていないことを伝えます。そして、「届いていない**ようです**」という断定を避けた表現で柔らかい印象にすることができます。

なお、「まだでしょうか？」のように**クエスチョンマーク（?）を使うと、相手を問いただすようなキツイ印象や威圧感を与えてしまうことがあります**。文脈にもよりますが、ビジネスメールではあまり使わない方がいいでしょう。

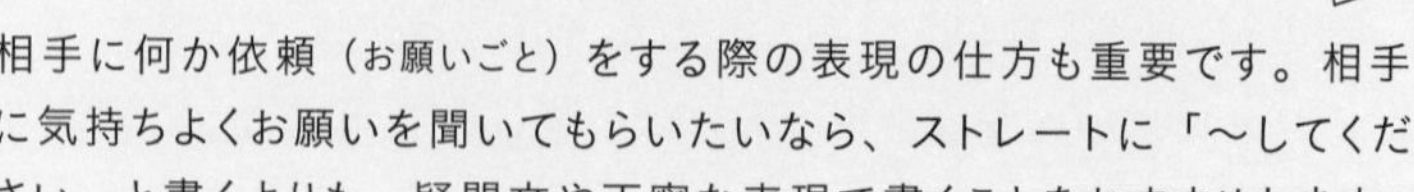

「依頼」は疑問文や丁寧な表現で

相手に何か依頼（お願いごと）をする際の表現の仕方も重要です。相手に気持ちよくお願いを聞いてもらいたいなら、ストレートに「〜してください」と書くよりも、疑問文や丁寧な表現で書くことをおすすめします。

ストレートに書くと……

「請求書を指定の日までに送ってほしい」という依頼をストレートに書いてみます。

> ○○の請求書について、事務処理の都合がありますので、
> ○月○日までに送付してください。

この書き方では、どこか「素っ気なさ」や「冷たい印象」を感じる人もいるかもしれませんね。

人に何かを依頼するときに、いきなり「〜してください」といった表現で書くと、**「一方的」「配慮がない」「横柄」などと不快に思われてしまう可能性があります。**

前置きがなく、「○月○日までにお願いします」と言い切るのも同じようなものです。

社内宛ての事務連絡などであれば問題ないかもしれませんが、外部の人に対する依頼メールでは避けた方がいいでしょう。

疑問文や丁寧な表現

先ほどの依頼を、疑問文や丁寧な表現を使って書き直してみましょう。

○○の請求書については、こちらの都合で恐縮ですが、
○月○日までにお送りいただけますでしょうか。

「こちらの都合で恐縮ですが」というクッション言葉に加え、文末が「お送りいただけますでしょうか」と丁寧な疑問文になっているので、相手も不快な気持ちにはならないでしょう。

このように、**丁寧で柔らかい表現にするには、やはりクッション言葉が力を発揮します。**

前述したクッション言葉の【お願いするとき】に挙げたものを参考に、お願いする状況に応じて適した言葉を選びましょう。

また、**文末を疑問文にすることで、お伺いを立てる形となり「指示的」な表現よりも相手が受け入れやすくなります。**

文末は、疑問文の形以外にも次のような柔らかい表現にすることもできます。

○月○日までにお送りいただければ**幸いです。**
○月○日までにお送りいただきます**ようお願いいたします。**
○月○日までにお送りいただきたく**お願い申し上げます。**

また、相手が目上の人やお客様の場合は、少し硬い印象にはなりますが、より丁寧な「幸いに存じます」「幸甚です」「幸甚に存じます」といった表現にしてもいいかもしれません。

「断る」ときは相手への配慮＋上手な理由

相手からの依頼などを断る際は、「クッション言葉」に加えて、相手を嫌な気持ちにさせないための配慮を示すことと、理由を上手に書くことが大切です。

「お断りします」とは書かない

「引き受けられない」ということは明確に伝えなければなりませんが、相手の気持ちに配慮すると「お断りします」というストレートな表現は避けた方がいいですね。
「せっかくのお話ではございますが」などの**クッション言葉に続けて、次のような婉曲表現を使います**。

- お受けいたしかねます。
- ご期待に沿うことができません。
- ご辞退させていただきたく存じます。
- 今回は見送らせていただければと存じます。

理由を上手に伝える

断る際の理由は、正直に細かいことまで書くと場合によっては角が立ちます。次のような表現にするといいでしょう。

- ご希望の期限までに納品することが難しい状況のため
- ご希望の予算内で対応することが難しいため
- 今月は業務が立て込んでおり
- あいにく来週から長期出張の予定があり

一方で、関係性がしっかりできている相手の場合は、ある程度具体的な理由を書くことで誠意を示し、理解してもらえるという側面もあります。

その他の配慮

感謝を伝える

関係性を大事にしたければ、引き受けることはできなくても、依頼してくれたことに感謝の気持ちを伝えることは大切です。

このたびは、○○をご依頼いただき誠にありがとうございます。

申し訳ない気持ちを伝える

断ることについては自分も申し訳ない気持ち、残念な気持ちであることを伝えて、相手の気持ちに配慮します。断わるフレーズの前のクッション言葉として伝えてもいいでしょう。

お役に立てず誠に申し訳ございません。
お力になれず心苦しい限りです。
誠に残念ですが

次につながる一文をプラスする

今回は断るけれど関係性は維持したい場合は、次につながる一文を付け加えるといいですね。

今回はご期待に沿うことができませんが、次の機会がございましたらお声がけいただけますと幸いです。

「ありがとう」を伝える

「ありがとう」をこまめに伝えることは、相手に気持ちよくメールを読んでもらうために大切なことです。ちょっとしたことでも感謝の気持ちを伝えることは、相手との良好な人間関係構築にもつながります。

「ありがとう」を習慣にする

第3章の「メール本文の型＋α」でお伝えしたとおり、メールの「型」として、「なんらかのありがとう」を書くことを習慣化することをおすすめします。

お礼のメールに「ありがとう」を書くのは当然ですが、**他の用件であっても、何か「ありがとう」が書けないかなと考えてみる**のです。

確認してくれたこと、返信してくれたこと、先日資料を送ってくれたことなどのちょっとしたことでいいので、「名乗り」の後に一言添えてみましょう。

- 早速ご確認いただきありがとうございます。
- 早々のご返信ありがとうございます。
- 先日は詳しい資料を送付くださりありがとうございました。

この一言があるだけで、相手は、少しポジティブな気持ちでその先を読み進めることができるのではないでしょうか。

「ありがとう」の対象は具体的に

「ありがとう」は、「先日はありがとうございました」などと漠然と書くのではなく、**その対象を具体的に明示しましょう**。相手のどの言動がありがたかったのかを簡単でも必ず言葉にします。そうすることで、相手も何に対してのお礼かがわかり、すんなりと受け入れることができます。

左ページの例では、「早速ご確認いただき」「早々のご返信」「先日は詳しい資料を送付くださり」の部分ですね。

さらに、次のような具体的な続きのエピソードもあると、より感謝の気持ちが伝わります。

先日は詳しい資料を送付くださりありがとうございました。
おかげさまで、弊社の会議ですぐに承認を得ることができました。

「ありがとう」以外のフレーズ

「ありがとう」を伝えるのは大事ですが、1つのメールで何度も「ありがとうございます」と繰り返されると、相手も読んでいて気になったり、機械的だと感じたりします。

感謝を伝えるフレーズは「ありがとう」以外にもありますので、**状況に合わせて表現を変えて、よりスマートに感謝の気持ちを伝えられるといいですね。**

- ご配慮くださり、心よりお礼申し上げます。
- また、〜いただき、重ねてお礼申し上げます。
- お気遣いに、心より感謝申し上げます。
- おかげさまで〜することができました。深く感謝いたします。
- 〜までしていただきまして、感謝に耐えません。
- 何から何までお世話になり、お礼の申し上げようもございません。

ポジティブな表現を使う

メールの文章は、できるだけポジティブ（肯定的）な表現を使うことをおすすめします。ネガティブ（否定的）な表現よりも、ポジティブな表現の方が印象もよく、読み手が素直に受け止めやすくなります。

ネガティブな表現と比べてみる

次のそれぞれの文章を読み比べてみてください。

A　毎週水曜日は、残業をしないでください。
B　毎週水曜日は、定時に退社しましょう。

A　工事のため、A通用口は使わないでください。
B　工事のため、AではなくB通用口をお使いください。

A　17時までに提出しなければ、受け付けてもらえません。
B　17時までに提出すれば、受け付けてもらえます。

AがネガティブでBがポジティブな表現となっています。

いかがでしょうか。伝えたいことは同じですが、**Bの方が、素直に「そうしよう」という気持ちになるのではないでしょうか。**

「望ましい行動・状態」に焦点を当てる

先ほどのA（ネガティブ）とB（ポジティブ）は、次のような伝え方でした。

A　**望ましくない行動**をしないでください。

B　**望ましい行動**をしましょう。

A　こうしないと、**望ましくない状態**になります。
B　こうすれば、**望ましい状態**になります。

Aは、「望ましくない行動」を禁止したり、こうしないと「望ましくない状態」になると脅したりする表現です。このような**ネガティブな表現は、相手のやる気を損ねたり、反発心を招いたりする可能性があります**。

それよりも、Bのように「望ましい状態」に焦点を当てた伝え方のほうが内容もわかりやすいですし、モチベーションも上がって望ましい状態を実現しやすいでしょう。

COLUMN

ネガティブ表現を使うべき場合

基本的にはポジティブ表現を使うことをおすすめしますが、反対に、ネガティブ表現を使った方が良い場合もあります。

例えば、重大な悪影響が予想されるために、危機感を持ってもらう必要がある場合などです。「絶対に禁止」というニュアンスで強くお願いしたい場合は、ネガティブな表現の方が、そのニュアンスが相手に伝わります。

間違いやすい敬語に注意

社会人にとって、敬語を正しく使うことは相手の信頼を得るためにも非常に重要です。自信がない場合は、正しい敬語を確認して自分のものにしていきましょう。ここでは間違いやすい敬語の事例を紹介します。

敬語の再確認

敬語は、ビジネスの場で使う言葉の基本です。使い方について疑問があれば、文化庁のホームページで閲覧できる「敬語の指針(平成19年2月2日 文化審議会答申)」などで、再確認するのがおすすめです。

敬語は次の3つを正しく使い分けることが大切です。

尊敬語　→　敬うべき相手の動作や状態を表す言葉
謙譲語　→　敬うべき相手に対して自分の動作や状態をへりくだって表す言葉
丁寧語　→　相手や内容を問わず表現を丁寧にする言葉

「れる・られる」

動詞に「れる・られる」を付けると尊敬語になりますが、**「受け身」や「可能」の意味に誤解される場合**があります。

△ 荷物は受け取られましたか。　→
○ 荷物はお受け取りになりましたか。

このような場合は、「お〜になる」を付けた尊敬語にした方がいいでしょう。

「お（ご）〜される」

「お調べする」「ご報告する」のように「お（ご）〜する」を付けると謙譲語になります。この「する」のところを尊敬語としての「される」にしたものは、謙譲語と尊敬語が混ざったものとなり、敬語としては誤用とされています。

✕ お調べされるとのことです。 →
○ お調べになるとのことです。

✕ ご出席されますか。 →
○ ご出席になりますか（ご出席なさいますか）。

相手に対する「ございます」

「ございます」は「ある」の丁寧語です。「ある」→「あります」→「ございます」の順で丁寧になります。丁寧ではありますが、**敬意を表すべき人に対して使うのは不適切**とされています。以下のように尊敬語の「いらっしゃいます」を使いましょう。

✕ ご担当は、中村様でございますね。 →
○ ご担当は、中村様でいらっしゃいますね。

なお、「株式会社○○の吉田でございます。」などのように、自分側に使うのはまったく問題ありません。

「どちらにいたしますか」

「いたす」は「する」の謙譲語なので、相手に使うのは間違いです。尊敬語の「なさる、される」を使いましょう。

✕ AとBのどちらにいたしますか。 →
○ AとBのどちらになさいますか（されますか）。

二重敬語

同じ種類の敬語を二つ重ねたものは「二重敬語」と呼ばれ、誤りとされています。

✕ お読みになられる → ○ お読みになる
✕ おっしゃられていました → ○ おっしゃっていました
✕ お聞きになられましたか → ○ お聞きになりましたか
✕ 拝見させていただきました → ○ 拝見しました

ただし、「お伺いする」「拝見いたす」のように、慣例として定着しているため許容されている二重敬語もあります。

「くださる」or「いただく」？

A 資料をお送りくださりありがとうございます。
B 資料をお送りいただきありがとうございます。

「くださる」は「くれる」の尊敬語で、「（相手が）してくれる」という表現です。「いただく」は「もらう」の謙譲語で、「（自分が）してもらう」という表現になります。

文章としてはどちらも正しく、「敬語の指針」でも「ほぼ同じように使える」とされていますが、状況によっては、不自然に感じられる可能性があります。

例えば、自分がお願いしたから相手が送ってくれたような場合に「お送りくださり」とするのは違和感を持つ人がいるようです。「お送りいただき」の方が自然な感じがしますね。

こちらからお願いするような場面では、「いただく」を使う方がしっくりくるかもしれません。

「御社」or「貴社」？

相手の会社を表す言葉としては「御社」や「貴社」がありますが、**「御社」は口頭で話す際に使う言葉なので、メールでは「貴社」を使います。**

なお、この「貴社」のように尊敬の気持ちをもって相手を呼ぶ表現を「尊称」と言います。それに対して「弊社」のように自分側をへりくだって表現する言葉を「卑称」と言います。

尊称・卑称は、会社だけではなく、人や組織、物に対する表現もありますので、以下、使い分けの参考として示します。

尊称と卑称の使い分け

対象	尊称（相手側）	卑称（自分側）
本人	○○様、あなた様、貴殿	私、当職、当方
みんな	皆様、ご一同様	私ども、私ども一同
会社・銀行・店	貴社、貴行、貴店	弊社、当社、当行、当店
団体	貴協会、貴組合、貴事務所	当協会、当組合、当事務所
学校・大学	貴校、貴学	当校、本校、本学
意見	ご意見、ご高見、ご意向	私見、愚見、所感
品物	ご厚志、結構なお品	寸志、粗品、心ばかりの品

「お」と「ご」の使い方

尊敬語、謙譲語、丁寧語それぞれで「お」や「ご」を付ける言葉がたくさんあります。間違った使い方をしないよう、基本を理解しておくことが大切です。

和語には「お」、漢語には「ご」

「お」と「ご」の使い分けは、**原則、和語（訓読み）のときは「お」で、漢語（音読み）のときは「ご」**です。

原則はそうなのですが、例外がたくさんあります。

「お電話」「お食事」「お弁当」「お元気」「お歳暮」などは、漢語ですが「お」を付けますよね。生活に密着した言葉の場合、漢語でも「お」がつくことが多いようです。

また、**「返事」は「お返事」でも「ご返事」でもどちらでもOK**です。「お返事」の方が少しやわらかい印象、「ご返事」の方がビシっとした印象になります。

尊敬語として使う「お」と「ご」

敬うべき相手や第三者の動作や状態、ものごとに「お」や「ご」を付けます。

- 動作：動詞（お（ご)〜になる)、動作性の名詞
  →お使いになる、お考え、ご覧になる、ご出席 など
- 状態：形容詞など
  →お忙しい、お元気、ご立派、ごゆっくり など
- ものごとなど：名詞
  →お名前、ご住所、お身体、お耳、お車 など

「私がお使いになります」、「私もお元気です」のように、**自分の動作などに「お」や「ご」を付けるのは間違い**です。ただし、自分の動作であっても、敬うべき相手に向かって行う動作については、謙譲語として「お」や「ご」を使います。

謙譲語として使う「お」と「ご」

敬うべき相手や第三者に向かって行う動作などに「お」や「ご」を付けます。

動作：動詞（お（ご)〜する)、動作性の名詞
→(相手に）お届けする、お送りする、ご連絡、ご報告、ご案内、ご説明、ごあいさつ
(相手のために）お持ちする、お取りする
(相手から）お借りする
ものごとなど：名詞
→(相手への）お手紙、お電話

自分の動作に「お」や「ご」を付けるのはすべて間違い！といった意見を見聞きすることもありますが、このように、**相手に向かう動作に付けるのは謙譲語として正しい**です。自信を持って使いましょう。

丁寧語（美化語）

相手への敬意を表すためではなく、言葉遣いを上品にするために「お」や「ご」を付けたものを美化語と言います。
「お店」「お金」「お酒」「ご飯」「お茶」「お花」「お会計」「お休み」「お土産」などたくさんあります。「お」がないと乱暴に感じる言葉も多いので気を付けましょう。

「させていただく症候群」に注意

「させていただく」という表現は、丁寧な表現にしたいばかりに過剰に使われたり、誤った使い方がされたりしているのをよく見かけます。本来の意味を理解して正しく使いましょう。

「させていただく」を正しく使う

「させていただく」は「させてもらう」の謙譲語なので、この言葉自体が間違いというわけではありません。

文化庁の「敬語の指針」では、次のような場合に使われるとされています。

ア）**相手側又は第三者の許可を受けて行う**
イ）**そのことで恩恵を受けるという事実や気持ちのある場合**

例えば次の文章は、本来相手の許可がないとできないことや、恩恵を受けることなので、問題なく使えます。

- 明日は休暇を取らせていただきます。（相手が上司など）
- コピーを取らせていただいてよろしいでしょうか。
- ありがたく新しいPCを使わせていただきます。

そもそも相手側の「許可」を受けてするものではない次のような行為に使うのは明らかに不適切です。

- この仕事も頑張らせていただきます。
- この件を担当させていただいております。

頑張るのに許可は必要ありませんので「この仕事も頑張ります。」、相手の許可を得て担当するわけではないでしょうから、「この件を担当しております。」でいいでしょう。

代わりに「いたします」を使う

次の文章のように、状況によって適切かどうかが変わるものもあります。

新製品に関する資料を送らせていただきます。

こちらが宣伝のために送る場合は、内心「送ることを了承してほしい」という気持ちで送るでしょうから、「送らせていただく」を使ってもいいでしょう。

しかし、相手からの希望があって送る場合は、許可どころか相手からの要望で送るわけですので、「送らせていただく」と書くのはへりくだり過ぎと言えます。

その場合は、「いたします」を使えばいいでしょう。

ご希望の新製品に関する資料をお送りいたします。

「させていただく」を書きそうになったら、それが本来は相手の許可が必要な行為かどうかを考えてみましょう。

相手の許可を気にしないで良い行為であれば、「いたします」を使うようにすれば、文章もスッキリ簡潔になります。

言葉の勘違い、していませんか？

日本語には、よく勘違いされて使われている言葉があります。自分が使っていた言葉の意味や使い方が、間違っていたということもあるかもしれません。勘違いされやすい表現について、正しく理解しているかチェックしてみましょう。

役不足（やくぶそく）

「役不足」は、「その人の力量に対して、役目が不相応に軽いこと」という意味です。これを、まったく反対の意味、つまり、「その役目に対して、自分の力量が足りない」という意味の**「力不足」と混同している人が多いようです**。

✕ リーダー役は、私には役不足かもしれませんが、頑張ります。　→

〇 リーダー役は、私では力不足かもしれませんが、頑張ります。

煮詰まる（につまる）

「煮詰まる」は、**本来「十分に議論して結論を出せる状態になる」というポジティブな意味**です。この言葉も、本来の意味とは反対の「議論が行き詰まって話が進まなくなった状態」だと誤解されることが多いです。

ただし、誤用が非常に増えてきたことから、最近の辞書では「行き詰まる」の意味が併記されているものもあります。数十年後には意味が変わっている可能性がある、注意すべき言葉です。

△ 昨日の会議は、議論が煮詰まってしまい、次回に持ち越しになりました。　→
○ 昨日の会議は、議論が行き詰まってしまい、次回に持ち越しになりました。

感心する（かんしんする）

これは**目上の人には使わない方がいい言葉**です。「感心する」は「りっぱな行為や、すぐれた技量に心を動かされること」という意味ですが、相手を「評価」するような意味合いがあります。褒めるつもりが、「上から目線」と受け取られて逆効果になってしまうので、「感動」や「敬服」という言葉を使いましょう。

× 先輩の仕事に対する姿勢には感心しました。　→
○ 先輩の仕事に対する姿勢には感動（敬服）しました。

他にも、目上の人に使うのは失礼とされている言葉があります。問題ないという意見もありますが、気にする人も多いので、次のように言い換えた方が無難です。

× 優秀ですね　→　○ すばらしいですね
× 参考になります　→　○ 勉強になります
× ご苦労様です　→　○ お疲れ様です
× 了解しました　→　○ 承知しました

COLUMN

メールの送り方によっては パワハラになるかも?

コロナ以降、リモートワークなどが増え、メールで部下や後輩に業務指示や指導をすることも多くなったのではないでしょうか。メールで指導する場合は、感情的に強い言葉で相手を否定するようなことを書くべきではありません。ただでさえ、活字だけのやりとりは冷たい印象を与えやすいので、書き方や送信の仕方によっては、パワハラとみなされてしまう可能性があります。

過去には、ある上司が指導の目的で、地位に見合った仕事がこなせていない部下に対して「意欲がない、やる気がないなら、会社を辞めるべきだと思います」といった内容のメールを送ったことが不法行為とみなされ、損害賠償請求が認められています。そのメールは、部下本人だけではなくその同僚にも同報されていました。

労働施策総合推進法の改正により、2020年6月から、職場でのパワハラを防止するための措置を講じることが事業主に義務付けられました(中小企業は2022年4月から)。

その際、パワハラの定義や類型などが同法や厚生労働省の指針において定められましたが、6つあるパワハラの類型の1つ「精神的な攻撃」の事例として、次のような記載があります。

> 相手の能力を否定し、罵倒するような内容の電子メール等を当該相手を含む複数の労働者宛てに送信すること

メールの内容だけではなく、送信の仕方(相手を含めた複数人に送る)も重視されるということです。部下指導のメールを送る際は、内容と送り方に気を付けましょう!

第6章

読む気になってもらう見た目の整え「型」

メールも「ビジュアル」が大事

人とのコミュニケーションでは第一印象が非常に重要ですが、メールも同じです。メールを開いた瞬間の第一印象、つまり「見た目」「ビジュアル」が悪いと、相手に読む気になってもらえないかもしれません。

見た目が悪いと読んでもらえない？

次のメールを“見て”ください。

◯◯株式会社　森田 様

いつもお世話になっております。株式会社□□企画部の佐々木です。先日はお忙しい所、弊社まで御足労頂き有難う御座いました。次回の打合せとポスターについてご連絡します。打合せは、◯月◯日（木）14:00-15:00でzoomにてお願いしたいのですが、内容はステージ企画の詳細と当日のタイムスケジュール、それからポスターデザインについてです。URLは、前日にメールにてご連絡致します。また、ポスターについて、添付のとおり2パターン（A:昨年度に準じたもの、B:少しカジュアルにしたもの）のデザイン案を作成しましたので、ご確認頂き、打合せの際にご意見をお聞かせ下さい。どうぞ宜しくお願い致します。

いかがでしょうか。

メールを開いた瞬間、このような文字がギッシリ凝縮されたようなものが目に入ってきたら、思わず拒否反応が出るのではないでしょうか。

多くの方が、**見るからに「読みにくい」、「読む気になれない」と感じたのではないかと思います**。

このような見た目のメールは、じっくり読んでる余裕がないタイミングなどでは後回しにされたり、そのまま読んでもらえなかったりするかもしれません。

読みやすくするために見た目を整える

左ページで示したようなメールは、相手が読む気にならないだけではなく、**見にくいために、読み飛ばされたり、誤解されたりするリスクもあります**。相手をイライラさせてしまうこともあるかもしれません。

それでは困りますので、読みやすくてわかりやすいメールにしたいですよね。そのために必要なのが、**ビジュアルを整えること**です。

見た目をよくするワザ

- 1行を短く・段落ごとに行間を空ける
- 長い文章より「箇条書き」
- 数字、記号、ラインを活用
- 漢字にし過ぎない

具体的にどのようにすればいいかについて、次のページ以降で説明していきます。

1行を短く・段落ごとに行間を空ける

「文字がぎっしり」という見た目の文章は、第一印象が悪いうえに、とにかく読みにくいです。それを読み切るためには集中力やエネルギーを必要とします。読みやすくするには、1行を短く＝早めに改行し、適度に行間を空けることが大切です。

20〜35字で改行

サッと読めるようにするには、**20〜30字、長くても35字くらいで改行**するようにします。ただし、いちいち数えていては非効率ですので、一息で読み切れる程度を目安にするといいでしょう。

改行するのは、句読点や意味的に区切りになるところ、読むときに息継ぎをするところなどです。

また、1つの文章は40〜50文字くらいまでが適切なので、**文章を2行以内に納めるという意識**を持っておくといいですね。

段落ごとに行間を空ける

1行の文字数を少なくしても、空白の行がない状態で何行も書いてあると、文字がぎっしり詰まった印象はそれほど変わらず読みにくいままです。

読みやすくするには、**数行の意味的なまとまりを1段落として、その次に空白の行を入れることで段落ごとに行間を空けます**。

この1段落は、**5行以内まで**に収められるといいでしょう。

そうすれば、読み手は、その行間で一呼吸置いてそこまでの内容をきちんと認識したうえで、次の段落を読み進めることができます。また、その空白行があることで、自分がどこまで読んだのかを視覚的にも把握しやすくなります。

例文の改善

〇〇株式会社　森田 様

いつもお世話になっております。
株式会社□□企画部の佐々木です。

先日はお忙しい所、弊社まで御足労頂き有難う御座いました。
次回の打合せとポスターについてご連絡します。

打合せは、〇月〇日（木）14:00-15:00で
zoomにてお願いしたいのですが、
内容はステージ企画の詳細と当日のタイムスケジュール、
それからポスターデザインについてです。
URLは、前日にメールにてご連絡致します。

また、ポスターについて、
添付のとおり2パターン（A:昨年度に準じたもの、B:少しカジュアルにしたもの）のデザイン案を作成しましたので、
ご確認頂き、打合せの際にご意見をお聞かせ下さい。

どうぞ宜しくお願い致します。

前のページで示した例文を、1行を短くして、段落ごとに行間を空けました。文章自体は変えていません。これだけで、ずいぶん読みやすくなったのではないでしょうか。
（これで完成ではありません。後のページでさらに改善します。）

長い文章より「箇条書き」

1つの文章で複数の要素を伝えようとすると、文章は長くなりがちです。長い文章になってしまう場合は、分解して箇条書きにした方が見やすくわかりやすいです。

箇条書きなら瞬間的に理解できる

文章は、文頭から文末まで読んで初めて何を言わんとするかが理解できます。それに対して箇条書きは、**先に結論が示されたうえで、ポイントのひとつひとつが独立して書かれているのでパッと見て瞬間的に理解できます**。

また、視覚的にも印象付けられるので、記憶にも残りやすいです。

研修当日は、受講票、筆記用具、事前課題ワークシート（すべての項目に記入しておく）、名刺（名札として利用します）をお持ちください。

研修当日は、以下をお持ちください。

・受講票
・筆記用具
・事前課題ワークシート（すべての項目に記入しておく）
・名刺（名札として利用します）

下の方が、「持っていくものは4つ」ということが瞬間的にわかりますし、ひとつひとつがパッと目に入り、印象に残りやすいですよね。

文章表現も箇条書きが可能

先の例では名詞を箇条書きにしましたが、次のような文章表現も箇条書きにした方がわかりやすいです。

標的型攻撃メールの手口としては、ウイルスが仕込まれた添付ファイルを開かせて相手のPCを感染させたり、メールに記載のURLからウイルスが埋め込まれたサイトへ誘導して感染させたり、メールに記載のURLからフィッシングサイトへ誘導して個人情報などを略取したりするものがあります。

標的型攻撃メールの手口としては、次のようなものがあります。

・ウイルスが仕込まれた添付ファイルを開かせて相手のPCを感染させる
・本文に記載のURLからウイルスが埋め込まれたサイトへ誘導して感染させる
・本文に記載のURLからフィッシングサイトへ誘導して個人情報などを略取する

「〜や」や、「〜たり」「、」などがいくつか使われた文章は、箇条書きにできる可能性があります。文章を分解して、箇条書きにできないか考えてみましょう。

見出しや項目名を付ける

単純な並列の情報を示す場合は、「・」などを使って並べるだけでいいですが、**階層的な情報の場合は、見出しや項目名を付けて整理するとわかりやすい**です。

前の例文の途中から、見出しや項目名を付けて箇条書きにしてみましょう。

・次回打合せについて
以下のとおりzoomにてお願いします。

日時　○月○日（木）14:00-15:00
内容　・ステージ企画の詳細
　　　・当日のタイムスケジュール
　　　・ポスターデザイン
URL　前日にメールにてご連絡致します。

・ポスターについて
添付のとおり、以下の2パターンのデザイン案を作成しました。

A：昨年度に準じたもの
B：少しカジュアルにしたもの
ご確認頂き、打合せの際にご意見をお聞かせ下さい。

「次回打合せについて」などの見出しを付けて、それぞれの要素の項目名（「日時」など）も付けて、箇条書きにできました。
（改善はまだ続きます！）

数字、記号、ラインを活用

箇条書きにするだけでもかなり見やすくなりますが、数字や記号、ラインをあわせて使うと、さらにわかりやすくなります。数字や記号、ラインは、整理された印象にしたり、強調したりする効果があります。

数字や記号で目立たせる

数字や記号を使うことで、**項目を整理したり、目立たせたりすることができます**。それでは、先ほど箇条書きにしたものに数字や記号を追加してみましょう。

(1) 次回打合せについて
以下のとおりzoomにてお願いします。

◆日時　○月○日（木）14:00-15:00
◆内容　・ステージ企画の詳細
　　　　・当日のタイムスケジュール
　　　　・ポスターデザイン
◆URL　前日にメールにてご連絡致します。

(2) ポスターについて
添付のとおり、以下の2パターンのデザイン案を作成しました。

◆A：昨年度に準じたもの
◆B：少しカジュアルにしたもの
＊ご確認頂き、打合せの際にご意見をお聞かせ下さい。

数字や記号を少し使っただけですが、メリハリが効いて、より整理された印象になったのではないでしょうか。

ここでは「(1) (2)」で複数項目を整理しつつ、「◆」で項目を目立たせています。それ以外には次のようなものが使いやすいです。

複数項目を整理したいとき

「(1) (2) (3)」「(A) (B) (C)」など
　→入力：カッコに数字やアルファベットを入れる

見出しを目立たせたいとき

「■」「◆」「●」「◎」「【 】」など
　→入力：「しかく」「まる」「かっこ」などで変換

注意書き・補足

「＊」「※」など
　→入力：＊＝全角でShift ＋「け」のキーを押す
　　入力：※＝「こめ」で変換

対応関係、問いに対する答え、時系列などの表現

「→」「⇒」など
　→入力：「やじるし」で変換

ラインで重要な部分を強調する

特に強調したい箇所の上下にラインを引くことで、その部分を際立たせることができます。

定例会議について、開催時間が変更になりましたので
お知らせします。

×変更前　12月14日（水）14:00〜15:00
◎変更後　12月14日（水）14:30〜15:30

ラインはシンプルな点線（半角のマイナスの記号をつなぎ合わせる）などで十分です。派手にならない程度に、何パターンか使い分けてもいいでしょう。

ラインの例

------------------------	→半角で「ほ」のキーを押す
________________________	→半角でShift ＋「ろ」のキーを押す
******************************	→半角でShift ＋「け」のキーを押す
==================	→半角でShift ＋「ほ」のキーを押す
~~	→半角でShift ＋「へ」のキーを押す
・・・・・・・・・・・	→全角で「め」のキーを押す

漢字にし過ぎない

文章中の漢字が多すぎると、堅苦しい印象になりやすく、また読み手に拒否感を与える可能性もあります。堅苦しくなり過ぎないようバランスを考えながら、「漢字」にするか「かな」にするか意識して書きましょう。

一般的にひらがなにする言葉

「ありがとうございます」は一般的には漢字にしませんよね。これを「有難う御座います」と書くと、それだけで非常に堅苦しい印象になってしまいます。

以下の言葉も同様にひらがなで書くのが一般的でしょう。

- 宜しく → よろしく
- お早う → おはよう
- 今日は → こんにちは
- 沢山 → たくさん
- 丁度 → ちょうど
- 殆ど → ほとんど
- 〜迄に → 〜までに
- 〜為 → 〜ため
- 流石 → さすが
- 何時 → いつ
- 何処 → どこ
- 幾つ → いくつ
- 因みに → ちなみに
- 直ぐに → すぐに
- 先ず → まず

補助的な言葉はひらがなにする

実は、「動詞・形容詞などの補助的な用法」や「形式名詞」は「かな」で書く、といった公用文でのルールがあります。ルールだから、ということではありませんが、補助的な言葉をひらがなにすると見やすくなるのでおすすめです。

動詞・形容詞などの補助的な用法

〜して頂く　→　〜していただく
〜して下さる　→　〜してくださる
〜して行く　→　〜していく
〜して来る　→　〜してくる
〜して欲しい　→　〜してほしい
〜して良い　→　〜してよい

※「賞状を頂く」「視察に行く」「資格が欲しい」「印象が良い」などの実際の動作・状態を表す場合は漢字を用いる

形式名詞

許可しない**こと**がある	（**事**は重大である）
お忙しい**ところ**	（ゴミを捨てる**所**はどこですか）
気づいた**とき**には	（**時**と場合による）
以下の**とおり**	（会社の前の大**通り**）
候補者の**うち**の一人	（**内**に秘める）

※カッコ内の用法では漢字でOK

例文の改善

以上を踏まえて、先ほどまで改善してきた例文の中の、堅苦しい漢字をひらがなにしてみましょう。

△

先日はお忙しい**所**、弊社まで**御**足労**頂**き**有難**う**御座**いました。

◆URL　前日にメールにてご連絡**致**します。

＊ご確認**頂**き、打合せの際にご意見をお聞かせ**下**さい。

どうぞ**宜**しくお願い**致**します。

○

先日はお忙しいところ、弊社までご足労いただきありがとうございました。

◆URL　前日にメールにてご連絡いたします。

＊ご確認いただき、打合せの際にご意見をお聞かせください。

どうぞよろしくお願いいたします。

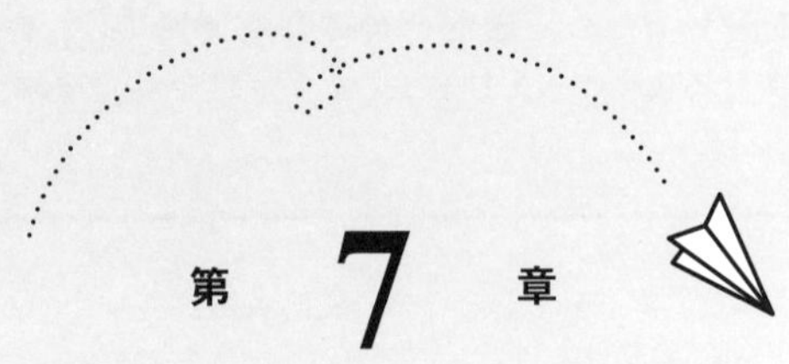

第7章

送信する前の自信の持ち「型」

絶対に確認したい4つのポイント

送信ボタンを押した後に間違いに気づき、頭を抱えたことはないでしょうか。それを避けるため、送信前の確認を習慣にし、自信を持って送信ボタンを押せるようにしましょう。まずは絶対に確認すべき点を紹介します。

①宛先は間違いない？

宛先のメールアドレスを間違えて送信してしまうと、**情報漏洩などの深刻な問題にも発展しかねません**。メールアドレスのアルファベットが1文字違っただけで、相手に届かないだけではなく、まったくの別人に届いてしまう可能性があります。

実際に、多くのビジネスパーソンが、アドレスの入力ミス、または登録されているアドレスの選び間違いによるメール誤送信の経験があるという調査結果もあります。

選び間違いとしては、**同姓やよく似た名前の別人を選んでしまうということが起こりがち**です。特に、登録されている名前がアルファベット表記だけ（「Ono Kazuo」「Ono Kazuko」など）の場合は非常に間違えやすいので、より一層の注意が必要です。

宛先に間違いがないかは、**To、Cc、Bccのすべての欄について送信前に必ず再確認しましょう**。

また、Bccに入れるべき人をToやCcに入れていないか（特に外部の大勢に一斉に送る場合など）も確認します。

大勢のお客様のアドレスをToやCcに入れて一斉に案内メールを送信してしまったら、それだけで「個人情報漏洩事件」なんだということを改めて肝に銘じましょう。

②相手の社名、名前に間違いはない？

メール本文に最初に出てくる重要な情報である宛名、つまり**相手の社名と名前に間違いがあったら大変です**。

社名を間違うのは言語道断。本当にビジネスをする気があるのかと思われてしまうでしょう。「○○電気」か「○○電機」かなど、正確に確認します。

もちろん個人名の間違いもダメです。名前を間違われた相手が、その続きを読むときの気持ちを想像してみてください。たとえ良い内容のメールだったとしても、「この人、私の名前間違えてるし……」という気持ちが邪魔をして、素直に読めない可能性が高いでしょう。

間違いやすい名字もたくさんありますよね。アベ（阿部・安倍）さん、ワタナベ（渡邉・渡邊）さん、イトウ（伊藤・伊東）さんなどなど、挙げればキリがありません。

筆者自身、間違われやすい名字（海津：カイヅ）で、メールの宛名にも「梅津（ウメヅ）様」としばしば書かれます。そのときに頭に浮かぶのは、「あぁ、この人もか……」という少し残念な気持ちです。

よく間違われる人は、間違われることに慣れています。でも、**決して「慣れているから間違っても大丈夫」ではない**のです。そこがひとつの評価ポイントになっているかもしれません。

間違える原因は「思い込み」と「確認不足」

ほとんどのビジネスパーソンには「名前を間違えるのは失礼」という認識があるはずです。それなのに間違えるということは、大事なところの確認もできない（しない）人だと思われても仕方ありません。

名前の間違いひとつが、仕事全般の信用に影響してしまいます。

そして、よく間違われる人は、いちいちその間違いを指摘しないことが多いです。「名前を間違える人は、自分の間違いに気づかないまま相手からの信用を失っている可能性がある」ということを心に留めておきましょう。

そんなことにならないように、**文章中も含めて会社名と名前が正しく書けているかは確認必須**です。相手の名刺や、相手からのメールの署名欄で間違いないことを確認します。

署名など、相手が自分で書いた社名と名前をコピペすると確実ですね。

メールの最初でつまずくと、その後を一生懸命書いても台無しになるかもしれないので、ここは本文の中でも絶対に外せないポイントです。しっかり確認しましょう！

③数字は正しい？

社名と名前が間違いないことを確認できたら、その他の重要情報も確認します。その他の重要情報とは、**日付や時間、金額、数量などの、間違っていたらトラブルに直結する情報、つまり「数字」**です。

メールの中にある数字を探して、その情報が正しいかどうかを必ず確認しましょう。

「日付」や「金額」などは、書く側も重要情報の認識があるので間違えないように気を付けている人は多いですが、それに比べると「時間」の間違いは起こりやすいかもしれません。会議連絡などで時間の訂正メールを受け取った経験がある人も多いのではないでしょうか。

時間の間違いは、以前のメールをコピペして使う際などに起こりやすいです。いつもは10時開始のミーティングだけど、その日だけ30分遅く始まる、といったときに時間を変更し損なったりすることがあります。

また、「午後3時」を24時間表記で書こうとして、なぜか「13時」と書いてしまうという不思議なことも起こります。

これらの数字情報は、**その情報元の書類やシステムなどと見比べて確認**しましょう。目視だけでは不安な場合は、PCのメール本文と元情報が書いてある書類などを指差し確認してもいいかもしれません。

④その情報でゴールは達成できる?

メールを書く際には、ゴールを明確にして、それを達成するための情報を書くことが必要だと第2章で述べました。

書いた情報に間違いがなくても、必要な情報が漏れていればゴールは達成できません。**自分がすでに書いた情報で、ゴールが達成できるか**を考えながら読み返してみましょう。

また、もらったメールに返信する場合は、**相手からのメールに書かれていた質問や確認事項にきちんと答えているか**も再確認します。

「聞いたことに答えていない」というのでは、相手は大きな不満を持ってしまいます。

そのためには、相手からのメールに再度さっと目を通しつつ、自分が書いたメールを読み返すといいでしょう。

注意したい5つの頻出ミス

「絶対に確認したいポイント」に挙げたもの以外の、よく起こるミスを紹介します。ここで紹介するミスは多くの人が経験するものですので、送信の際には改めて確認することをおすすめします。

①添付ファイルの付け忘れ

本文に「添付ファイルをご確認ください」と書いておきながらファイルを添付し忘れるというミスは、ほとんどのビジネスパーソンが経験したことがあるのではないでしょうか。

本文を書き終えた達成感や安心感から、ホッと気が抜けてファイルを添付しないまま送信ボタンを押してしまいがちです。

本文を書き終えたら必ず、「ファイルを添付しているか」を確認しましょう。

添付忘れを防ぐには、**本文を書く前に添付しておくというやり方**もおすすめです。

この「ファイルを添付するタイミング（本文を書く前か後か）」は、いつも同じにした方がいいでしょう。順番も含めて習慣化することで、忘れるのを防ぐ効果があります。

②添付ファイルの付け間違い

A社に見積書を送付しようとしてB社宛ての見積書を添付してしまった！　というような、添付ファイルの付け間違いもよくあるミスです。

・似たような名前のファイルだった
・最新版ではないバージョンのファイルだった

このような、間違えて添付してしまうファイルは、本来送るべきファイルの近くに保存されていることが多いと思います。

この間違いを防ぐためには、業務に関するデータファイルについて、**ファイル名の付け方のルールを決めたり、不要なものはすぐに削除したりするなど、普段からわかりやすく整理整頓しておく**ことが有効です。

添付ファイルの付け間違いは、アドレスの間違いと同様に**情報漏洩に直結するミス**ですので、「ファイルを添付しているか」だけではなく、「正しいファイルを付けているか」も確認しましょう。

また、「ファイルの中の個人情報を削除して送るべきだったのに、そのまま添付してしまった」という個人情報漏洩のニュースを目にすることがあります。そのような事態にならないよう、添付ファイルに機密情報や個人情報が含まれていないかは、事前に確認しておきましょう。

③日付と曜日の不一致

会議開催連絡などで日程を知らせる場合に、日付と曜日が一致していないというミスも多くの人が経験します。

特に、以前送ったメールを再利用する際などに、日付は変更したけど曜日を変更し損ねるということがよくあります。

再利用でのミスを防ぐためには、よく使う「会議連絡」などは**本文をテンプレート化して、日付のところは「●月●日（●）」とするなど、必ず書き換えられるように目立つ表記にする**ことをおすすめします。

そして、何かの日程を連絡する場合は、必ずカレンダーを見て、日付と曜日が一致しているか確認するクセを付けましょう。

④変換ミス・タイプミス

ミスの頻度としては、次のような変換ミスやタイプミスによる誤字・脱字はとても多いです。

変換ミス(同音異義語)の例

○ ご指示ください → ✕ ご支持ください
○ 〜以外で → ✕ 〜意外で
○ ご回答をお願いします → ✕ ご解答をお願いします

タイプミスの例

○ お願いします → ✕ 尾根ギアします
○ 確認いたします → ✕ 角煮致します
○ おっしゃっていました → ✕ おしゃっていました

これらのミスは、急いでいるときや焦っているときに起こりがちです。

画面を見ながら打っていれば、さすがに「尾根ギア」や「角煮」にはすぐに気づいて修正するでしょうけれど、状況によっては見落としてそのまま先に進んでしまうこともあるかもしれませんね。

これらは気づきやすい間違いですので、**読み返すことで誤字のまま送信するのを防ぐ**ことができます。

⑤件名が不適切

誰かにメールをする際に、その人からもらった直近のメールに返信する形で送ることはないでしょうか。新規メールを作成してアドレスを入力するのが面倒と感じるとき、特に相手が複数人で同じメンバーに送る場合に便利なやり方です。

この際に起こりやすいのが、件名を以前の用件のまま送ってしまい、件名と本文の内容がちぐはぐで相手を混乱させるという事態です。

また、同じ人とのやりとりが続いていて、何度目かの返信で用件が変わってしまっているのに、件名を修正せずにそのまま送ることもやりがちです。**用件が変わったら、件名もわかりやすく書き換えた方が、双方にとってメールの管理がしやすいでしょう。**

相手を混乱させず、双方にとってわかりやすいメールにするために、**「適切でわかりやすい件名を書いているか」**もチェックしましょう。

COLUMN

絵文字や顔文字は使ってもいい?

絵文字や顔文字は、現状ではビジネスの場ではふさわしくないと考えている人が多いので、基本的にはメールで安易に使わない方がいいです。

ただし、仲のよい先輩や同僚との軽めのやりとりなどで使う分には差し支えはないでしょう。

また、先に相手の方が使ってきた場合は、相手を超えない範囲でこちらも使ってみてもいいかもしれません。相手との関係性や親密度に応じて考えましょう。

大事なメールは「読む側の視点」で読み返す

大事なメールの場合は、これまでに挙げたチェックだけではなく、文章全体について、読む側の視点に立って読み返すことをおすすめします。自分がそのメールをもらったと仮定して、読みやすいか、すぐに理解できるか、不快に感じるところはないかなど、相手目線で確認しましょう。

①読みやすい？ わかりやすい？

まずは、**「見た目」のチェック**です。

- パッと見て読む気になるか
- 一行や一文が長すぎず、適度な行間もあり読みやすいか

そして読んでみて、

- 一度で文章の意味が理解できるか

をチェックします。読み手の視点で読み返すと、ここで改行した方が区切りがいいな、とか、ここも行間空けた方が見やすいな、とか、この文章はちょっと長いから2つに分けた方がいいな、などと感じることがあります。

そのようなときは適宜修正して、読みやすくわかりやすい本文にしましょう。

②イラっとするところはない？

わかりやすさをチェックしつつ、**文章を読んでどう感じるか**も意識します。

- 上から目線に感じる表現はないか
- 無理な都合を押し付けていないか
- 嫌味に感じたりキツく感じたりするところはないか

読んでみて不快に感じたり、イラっとしたりするところがあれば、表現を見直してみましょう。

本文を書いているときは勢いもあって、自分でも気づかないまま少しキツめの表現をしてしまっていることがあります。**一呼吸おいて冷静になってから読み返してみるとそれに気づきやすくなります**ので、この読み返し作業はとても大切です。

大事なメールほど、この視点を意識してチェックしましょう。

③なんかひっかかるところはない？

読みやすいし不快に感じるところもないけど、なんかひっかかる、違和感があるという場合はそこも見直しポイントです。

- 回りくどい言葉遣い
- 丁寧過ぎる敬語

など、**スムーズに読み進められないと感じたら、他の表現を考えてみましょう。**

とはいえ、「完璧だ！」と感じるまで何度も書き直していたのでは、時間もかかってしまい効率的ではありません。無難に落ち着かせる、くらいの意識でいいでしょう。

送信前チェックリストを活用する

これまでに本書で挙げてきたポイントを効率的にチェックし、その行動を習慣化するために、「送信前チェックリスト」を活用するのもいいでしょう。

送信前確認を効率化する

送信前に確認することの大切さや確認ポイントについて述べてきましたが、頭ではわかっていても、つい忘れてしまったり、どこを確認するか思い出しながらチェックして時間がかかったりすることもあると思います。

大事なポイントを忘れずに効率的に確認するには、**メールを書くたびにチェックリストなどを使って確認し、それを習慣化する**といいでしょう。

チェックリストによる送信前確認が習慣化できれば、あまり時間をかけずに漏れなく確認することができ、自信を持ってメールを送信できるようになります。

送信前チェックリスト

ここでは、本書の内容を元にしたチェックリストの例を示します。**特に重要な項目は太字**にしています。

このようなチェックリストを、小さめにプリントしてPCの近くに貼っておくなどしてもいいでしょう。

このチェックリストをそのまま活用してもいいですし、Excelなどで自分なりに作成してみるのもおすすめです。特に自分が犯しがちなミスがあれば、その項目を目立つようにしておけば万全です。

送信前チェックリストの例

※本書2ページに記載の方法でダウンロード可

- □ **メールアドレスに間違いはないか（同姓の別人なども注意）**
- □ **CCやBCCも問題ないか**
- □ **BCCに入れるべき人をTOやCCに入れていないか**
- □ 件名は適切でわかりやすいか（Re:のままでよいか）
- □ 本文は適切な構成になっているか
  - □ ① **宛名（会社・部署名、役職、氏名に間違いはないか**
「様」、「御中」を正しくつけているか（「各位」には不要））
  - □ ② あいさつ（適切なあいさつか）
  - □ ③ 名乗り
  - □ ＋α 謝辞（なんらかのありがとう）
  - □ ④ 要旨（目的）（簡潔に示しているか）
  - □ ⑤ 詳細内容（箇条書き等でわかりやすくなっているか）
  - □ ⑥ 結びのあいさつ（メールの内容と合っているか）
  - □ ⑦ 署名（社内用、社外用など適切か）
- □ **日付、曜日、時間、金額、数量などに間違いはないか**
- □ **必要な情報が漏れていないか**（ゴールが達成できるか）
- □ **相手の問いに答えているか**
- □ **添付ファイルは付けているか**
  - □ **ファイルを間違っていないか**
  - □ ファイル名は適切か
  - □ ファイルサイズは大き過ぎないか
  - □ 暗号化は必要か
  - □ 添付以外の方法にする必要はないか
- □ **機密情報、個人情報が含まれていないか**
- □ 変換ミス・タイプミス（誤字・脱字）はないか
- □ 改行、文の長さなど、読みやすくわかりやすいか
- □ 不適切な表現、不快にさせる表現はないか
- □ ひっかかるところはないか

COLUMN

悩み過ぎない! 多少の間違いはつきもの

メールを書く際に、「完璧なメールにしなければならない」と思い過ぎて、神経質なほど確認しないと送信できない人もいるかもしれません。

非の打ちどころのないメールを目指すと、あっちもこっちも気になって何度も書き直したりして、時間がかかり過ぎてしまいますよね。

送信前の確認は大事ですし、間違いがないに越したことはありませんが、「多少の間違いはつきもの」と、ある程度、割り切ってみてもいいのではないでしょうか。

もちろん、相手の社名や名前、日時や金額、個数など、間違っていたらトラブルになる重要なポイントはきちんとチェックする必要があります。前ページのチェックリストで太字で示したようなところです。

それ以外の隅々まで完璧にしようとして、悩み過ぎないようにしましょう。

仮に、急いで送らなければならないメールに、ちょっとしたタイプミスや「てにをは」に少しおかしなところがあっても、重要な点に間違いがなければ、相手もあまり気にしません。ささいなミスをわざわざ指摘する人もほとんどいないでしょう。

筆者の場合は、もらったメールで用件には関係ない変換ミスなどを見つけたりしたら、ニヤッとして相手に少し親近感さえ持つくらいです。

悩み過ぎずに最後は割り切る、という意識も大切です。

おわりに

私は職場で、ビジネスメールの研修を受けたことはありませんでした。研修講師になってからも、メールについての研修依頼は他のテーマと比べるとごくわずか。おそらく、日本の会社でメールの書き方について組織的な教育を実施しているところは、とても少ないのではないでしょうか。

もらったメールや先輩が書くメール、ネット上の文例などを参考に書く。基本を理解していないから、悩んで時間もかかるし、自信もないし、失敗もしてしまう。そんな状況の方が多いように感じます。

だからこそ、まずはメールの基本を理解していただきたい、その思いで本書を執筆しました。折に触れて、さまざまな場面で本書を活用していただければと思っています。

この本が、あなたのメールを書くスキルの向上、ひいてはビジネススキル向上の一助となることを心から願っています。

最後に、この本を書く機会をくださり、最後まで伴走してくださった技術評論社の石井亮輔さん、本当にありがとうございました。素敵な装丁に仕上げていただいたMOAIの岩永香穂さんにも厚くお礼申し上げます。

そして、「書くこと」についてのご助言とともに精神面を支えてくださった脚本家の楠本ひろみ先生、応援してくれた講師仲間のみんな、温かく見守り応援し続けてくれた夫と子どもたちにも、心から感謝しています。

みなさま、本当にありがとうございました。

海津 佳寿美（かいづ かすみ）

コミュニケーションオフィスkinds 代表。国家公務員として文部省、国立大学勤務を経て、研修講師として独立。学長秘書時代には皇族や大臣を含む多くのVIP対応も経験。アンガーマネジメント、説明力向上などのビジネススキルに関する企業研修、個人向け講座を行う。これまで500回以上の登壇で受講者は約8千人。

装丁　岩永香穂（MOAI）
DTP　BUCH+
編集　石井亮輔

一生使える ビジネスメールの「型」
～悩まず、早く、“伝わる”メールを書く基本

2023年4月28日　初版　第1刷発行
2024年4月18日　初版　第2刷発行

著者　海津 佳寿美
発行者　片岡 巌
発行所　株式会社技術評論社
東京都新宿区市谷左内町21-13
電話　03-3513-6150　販売促進部
03-3513-6185　書籍編集部
印刷／製本　昭和情報プロセス株式会社

定価はカバーに表示してあります。

造本には細心の注意を払っておりますが、万一、乱丁（ページの乱れ）や落丁（ページの抜け）がございましたら、小社販売促進部までお送りください。送料小社負担にてお取り替えいたします。
ISBN978-4-297-13405-1 C0034
Printed in Japan